自由自在を得るために

谷口清超

日本教文社

はしがき

人は誰でも〝自由〟でありたいと思う。しかしなかなかその〝自由〟が叶えられていないのだ。国によっては、〝言論の自由〟がなく、自分の意見が自由に発表出来ないこともある。どこかへ旅行しようと思っても、行く先が制限されている場合もある。住居が限定されたり、国外に行くことも不自由であったりするのである。

さらに誰でも自由に自動車を運転できる訳ではなく、入学したいと思う学校に行ける自由もない。子供のころは、父母と同じ所に住み、朝になると眠いのに叩き起こされたりもする。だからちょっとばかり年ごろになると、親に向って、

「生んでくれと、頼んだわけじゃないよ」

などと憎まれ口を利いたりするものだ。しかしこのような考えでいると、どうしても

幸福感が得られない。ところが誰でも「幸福」を求めるし、「自由」を求めるのである。

ではなぜそれを求めるかと言うと、それが何処かにアルと思うからだろう。最初からナイと分かっていたら、誰でも〝求める〟ことはないはずだ。

「いや、ナイから求めるのだ」

と言うかも知れない。では誰でも「無」を求めるか。カラッポがそんなに好きか――コップがカラッポだから、これに水を入れたいというのは、水がどこかにアルからであろう。おなかが空《す》いたから、ご飯がほしいと言うのも、どこかにご飯がアルと思うからだ。ご飯がなければ、イモでもパンでも、残パンでも……と思って、ごみ箱まで探す人が出てくる世の中である。

だから「無」を探すのではなく、アルものを探す。それ故「自由」も「幸福」も、どこかにアルに違いないのである。ことに「自由自在」となると、「自由」の何倍かの値打ちがある。それが、どこにあるか――というと、どうも「この世」にはありそうにない。何故なら、この世には〝年齢制限〟があって、何歳までも無限に生きている訳には行かないからだ。近ごろは百歳以上の人も沢山おられるようだが、無限に生き続けたいという人は、「この世」にはいないのである。

そこで「この世」でない〝世界〟を探さなければならないが、どうやって探すかが問題だ。これはどんな巨大な望遠鏡をもって来ても、探せない。どこかに星を見つけても、これはまだ「この世」の星だからだ。どんなすぐれた顕微鏡でバイキンやウイルスを見つけても、これも「この世」のものだからである。

それ故考え方を変えて、「幸福」の方を探してみよう。「幸福」とは一体何だろうか。これは「心」の問題だ。そこで「幸福」は「心」の中を探すにかぎる。すると「私は幸福だ！」と思えば良いことが分かる。そして又「私は自由自在だ」と分かればたちまち「自由」も「自在」も得られるだろう。これをさらに言いかえると、

「私には無限力がある」とか、

「私は神の子だ！」

と信じたらよいことになる。つまり理屈の世界から「信仰」の世界に入るのである。「神の子」が私だということは、「私は神様だ」ということでもある。猿の子が猿であり、犬の子が犬であるようなものだ。

「そんなバカなことが」

と思う人は、この本をおしまいまで読んで頂くとよいだろう。キリスト様も、お釈迦

さまも、結局はそうおっしゃっているのだから。

平成十六年十月二十日

谷口清超しるす

自由自在を得るために

目次

第3章 知恵と信仰について

第1章　変化から生まれるもの

1　心の眼を開くには

コトバと人生

生長の家では「コトバの力」ということを強調している。そしてコトバは「身《しん》・口《く》・意《い》」の「三業《さんごう》」と言って、口で言う言葉（口）ばかりではなく、身《しん》（行為）や意《い》（心の思い）なども全てコトバである。さらにその重なり合ったものを業《ごう》と呼ぶから「三業」とも言い、それが人びとの「運命を作って行く」と説くのである。

これは仏教的な言葉遣いだが、一般的には「業の法則」と言い、善業が善果となり、悪業が悪果をもたらすから、善をなし、悪をなすなと教える。即ち、

諸悪莫作《まくさ》　衆善奉行《しゅぜんぶぎょう》

と言うのである。コトバがこの世という「人生」を作り出す。例えば平成十四年十一

月八日の『讀賣新聞』の「人生案内」欄には、次のような質問がのっていた。

『三十代の主婦。二年前に結婚した夫とは再婚同士です。夫は妻の浮気が原因で離婚し、三人の娘を育てていました。長女はすでに独立、私は二女、三女と一緒に暮らしています。

ところが、中学生の三女が最近、非行に走るようになったのです。たばこや万引きで補導され、そのたびに泣いて謝りますが、また同じことを繰り返します。

さらに困ったことに、夫の前妻が毎週、娘たちに会いに来るようになりました。会った後は必ず「非行は家庭が悪いから。私が引き取るからお金をほしい」と連絡してきます。満期になった娘たちの学資保険を狙っているのだと思います。

三女は私たちに「行きたくない」と言いつつ、前妻には「一緒に暮らしたい」と言っているようです。前妻に引き取られても、幸せになれるとは思えませんが、やはり生みの親でないとだめなのでしょうか。(東京・M子)』

再婚は決して悪いことではないが、今の夫の前妻の生んだ三女が非行に走って困るという問題だ。前妻が毎週娘たちに会いに来る。それも悪いことではないだろう。しかしその時前妻は「非行は家庭が悪いから、私が引きとるから養育費をくれ」というらしい。これも無理からぬ願いである。たしかに家庭の中で愛の不足を感ずると、非行に走る子供が出てくる。それ故家庭が乱れるということは、あまりよいこととは言えない。血のつながっていない娘さんでも、今娘と呼ぶ立場の人は、愛情をもって接しなくてはだめである。〝養育費〟がほしいというのも、別に間違ったことではないだろう。

ウソはいけない

何がいけないのかというと、この娘さんが生みの母には「一緒に暮らしたい」と言い、養母さんには「あっちへは行きたくない」と言う。このように娘さんのコトバが反対になると、どちらかがウソだということになる。するとこのようなウソは悪い。だから悪業となり、家庭がますます乱れるのである。

しかしM子さんの質問には推測の部分があって、本当に生みの母に「一緒に暮らしたい」と言っているのかどうかは、現場で聞いたわけではないから、推測の範囲だろう。同じく「学資保険を狙っている」というのも、M子さんの想像であって、本当かどうかは分からない。しかし生母でないと娘は愛せないとか、幸せに出来ないなどということはない。養母さんや養父さんであっても、「血の繫がりは霊《ち》の繫がり」であり、肉体の血液の繋がりのことではない。何故なら、肉体は人間そのものではなく、その人の魂の使う衣服のようなものだからである。それが分かれば、後妻さんでも立派に母としての愛情をそそぐことが出来るのである。

それは丁度、人が衣服を着るとき、その衣服が国産であっても、イギリス産やアメリカ産であっても、その本人の行動に決定的な影響を与えるものではないようなものだ。つまり〝魂（霊）のつながり〟こそが、〝本当の親子〟となるからである。

ところでこの質問への回答者たる久田恵さん（作家）は、次のように答えておられた。『どんなに反抗していても三女に必要なのは、自分がいつでも帰っていける安定した場所です。

元の母親はかなり自己中心的な人のようであてになりませんね。自分のしたことに責任も取らず、今さら養育費目当てで子どもを引き取りたいなどと言い出すのはもってのほかだと私は思います。

子育ての目標は子どもを自立させることですから、あと数年。もうちょっとです。大変でしょうが、ここで放り出せば、彼女は行き場を失うことになりかねません。しかったり泣いたりを繰り返して、ぜひあなたと父親が三女の思春期にとことん付き合ってあげて欲しいな、と思います。

その一方で、こだわりを捨て、元の母親との付き合いは自由に認め、十八歳になったらどちらの家庭で暮らすかを自分で決めてよい、と言ってあげたらいいのではないでしょうか。

三女は「本当の母」に今は幻想を抱いていますが、遠からず愛想が尽き、自分の人生は自分でやっていくしかないと、自立していくにちがいありません。』

この回答の中で、娘さん自身にどちらへ行くかを選択させるという考えは、良いと思う。しかしM子さんの質問の中に、生みの父である「夫の意見」がちっとも出ていないのは何故だろうか。前妻さんが「浮気をした」のが原因で離婚したというから、夫が「生みの父」ではないかも知れないという疑問があるのかも知れない。しかし現在はとにかく父であり母である立場のM子さん夫婦だから、その家庭での〝夫の意見〟がどのようなものであるかが、非常に大切な判断の基準になることを忠告してあげる必要があるのである。

善いコトバの力

とにかくこの世でもあの世でも、コトバが人生を作って行く。そのコトバがあやふやで、あちこちで正反対のことを言いふらしていると、その人の運命は混乱してしまい、生活そのものが揺れる。しかもコトバは行動を含むから、一旦口に出して言ったことは、その行動をもって補足すべきであろう。そうではなく、行動と言葉とが相反する時は、これも不幸な運命が待ちかまえている。つまり悪業が悪果をもたらすという結果になるのである。

そこで現在のどこかの国のように、口では「生物兵器はない」とか「核兵器はつくらない」と言っても、もし行動でそれに背反するならば、そのウソはこれらの国ぐにを破滅に追い込むような結果になる可能性が極めて高いのだ。

こうした国家的に重大なコトバでなくても、個人で使うコトバにしても、それが正しい行動に伴われる場合は、善いコトバや正しい行動は、やがて必ず善果をもたらし、ひいては国全体のためにも役立つのである。その一例として、平成十四年十一月十四日の『産経新聞』には、次のような松山市在住新山昭一郎さん（60）の投書がのせられていた。

『先日、親日的な国、トルコを訪れて、人々の正直な国民性に心洗われた。日本人の観光客に六ドルで売った品物が、後の人に値切られて五ドルになった。すると、その売り子は先に売った客をバスまで追って、差額の一ドルを返金した。また「五枚で千円、千円」の布地が六枚で千円になり、さらに値引きして別の人に七枚千円で売ったときは、先に六枚買った人を探し、一枚追加して渡していた。

高く売れた分はもうかったと思うのが普通だろうが、そうはしなかった。その正直さに感激した。一昔前の日本にも、このトルコ人のように正直でまじめな人たちが多かったような気がする。

私たちがバスで去ろうとしたとき、道端に立っていた子供が笑顔で手を振ってくれた。広い畑で綿を摘んでいた人は、ゆっくりと進むバスを追いかけてきて、白い綿花をつけた小枝をプレゼントしてくれた。

トルコには人懐っこい人が多いと感じた。温かい国民性に触れて、よき旅の思い出に浸ることができた。(無職)』

かねがねトルコは親日的な国だと聞いていたが、日本人の正直さや深切心と、お互いに似ているのかも知れない。このような長所が薄れ行く現代だと言われるが、こうして各国人の長所がコトバによって報ぜられると、その良いコトバの力が、次第に広がってゆき、お互いに仲よくなり、やがて戦争や紛争が消え去って行くものである。

訓練と忍耐

このような深切や正直の他にも忍耐力とか努力する力なども、人間性の本質の中に内在しているから、このような力を養い育てることも、とても大切である。どのような能力でも、それを引き出して発現させるには、長い間の訓練と忍耐とが必要であって、どのような天才も決して訓練なくして出現するものではないからだ。

例えばピアノやヴァイオリン、その他の楽器でも、そのすぐれた音や技能は、一朝《ちょう》一夕《せき》に養われたものではない。私もかつてヴァイオリンの音色の美しさに引かれて、旧制中学に入ったころ、父から入学祝いとして買ってもらったことがある。当時岡山のある楽器店で見たところ、美しい色をしたヴァイオリンがあったので、私は「これがほしい」と言った。店の主人はそれよりもこっちの鈴木バイオリンの方が良いでしょうと、別の品を見せてくれた。

私はそれ以前にも通信販売で安物のヴァイオリンを買って、棹の所に紙を貼り、ギーコギーコと自分勝手に弾いていたのだが、今見たヴァイオリンは、ずっと上等品らしく、ニスの色も美しいし、見たところ立派だった。しかし私は国産の鈴木バイオリンよりも、ちょっと小型だが色の美しいそのドイツ製の方が気に入って、そっちのヴァイオリンを買ってもらった。

これは私が〝外見〟のみにとらわれて「美しい」と思って買った結果だが、買ってから よく胴の中を見ると、天才的ヴァイオリン製作者ストラディヴァリウスのコピーのホフマイスター作とか書いてあった。本物なら大した値打もので、とても父の買ってくれるようなものではないが、コピー品だから買ってもらえた。しかしそんなに安くもなかったようだ。

今思うと、こんな時は、ヴァイオリンの知識のある店の主人のコトバに従った方がよかったと思うが、当時の私には、〝コトバの値打ち〟が分からなかったのだ。しかしとにかく私は、そのコピー・ヴァイオリンを喜んで弾いていた。しかしどんな楽器でも、長い間の正しい訓練によって美しい音色が出るようになる。それには立派な専門家の先生について訓練をうけるのが良いが、私は自分勝手で弾いていたし、第一相当の年齢になった中一のころからだから、中なかうまく上達しなかった。

その後旧制高校に入ってからも時々弾いたし、徴兵にとられて軍隊生活を送り、発病して傷痍軍人療養所に入れられてからも、病状が好転してからは、時どき弾いた。

そのころ同じ療養所に金《きん》さんと称する同室の元兵隊がいた。これは本名ではなくて、兵隊仲間の呼び名だが、彼もしきりに持参のヴァイオリンを弾いていた。しかし金さんの弾き方はテンポが狂っていて、私から見てもとてもオカシイのだ。私はいささか自信を取りもどして、あの〝コピーさん〟を弾いたが、どちらも自分勝手な弾き方だから上達しなかった。

その後私は全治退所して、谷口雅春先生*の許で働くことが出来るようになり、上京した話は別にいくらでも書いたから、ここでは繰り返さない。そして谷口家の恵美子さん*と結婚して以後も、彼女のピアノに合わせて弾いたこともあった。そのころの楽譜は、鈴木鎮一氏の全集楽譜の何番かくらいだったが、彼女のピアノは小学二年生から正式に習ったから、ずっと上手だった。

天才について

そんなことから、私はいつしかヴァイオリンをやめて、その後電子オルガンやピアノを音楽教室で習いはじめた。しかし今述べておきたいのは鈴木鎮一氏のことだ。彼は鈴木バイオリンの製作工場主だった政吉氏の息子さんで、曾祖父の代から三味線づくりの家系だった。そのような訳で政吉さんはヴァイオリンの研究を始められた。そして鎮一氏は独得のヴァイオリンによる才能教育により、江藤俊哉さん、豊田耕児さん、志田とみ子さん、小林健次さんなどの世界的に有名なヴァイオリニストを生み出した功労者である。

この鎮一氏の教育法は、「誰でも天才にもなれるが、音痴にもなれる」というユニークな信念にもとづくものであった。同氏の『愛に生きる』（講談社現代新書）によると、次のように書いてある。

『「この子をお願いします。」

三十数年まえに、江藤俊哉君のおとうさんは、四歳の俊哉君をわたしのところへつれてきてそういわれました。こうして俊哉君はわたしの生徒の第一号になったのでした。それから三、四年あとでわたしの幼い生徒になった豊田耕児君のおとうさんは、わたしが名古屋から東京へ移ったとき、耕児君のために浜松から東京へ転居なさったのでした。

子どもを育てる運動を続けていると、いろいろな親を知ります。

「わたしの子どものヴァイオリンを、一度聴いてやってくださいませんか。」

といわれたのは、むかしわたしがヴァイオリンを指導したことのある名古屋のY先生でした。むすこさんはもう十八歳で、おとうさんのY先生が教えて、いまモーツァルトの五番の協奏曲をひいている、ということでした。

「喜んで……いつでもどうぞ、松本へよこしてください。」

一ヵ月ほどして、むすこさんはひとりで松本のわたしの家をたずねてきました。はじめて見る青年ですが、その声音、名古屋弁の話しぶりが、おとうさんのY先生にそっくりです。あいさつをしながら両手を前で握るくせも笑い方もそっくりで、あたかもY先生と話しているような錯覚を起こすほどです。

よくもこれほど親を受け取るものだと感心しながら、かれのヴァイオリンの演奏をうながしました。

かれはケースからヴァイオリンを出して調子を合わせ始めました。すると、その調子合わせの弓のいそがしさがまた、おとうさんそっくりなのです。(後略)』(三四―三六頁)

つまりこれは父母の行動(コトバ)がどんなに子供に影響を与えるかという一例である。ことに子供が幼いころから、しかも長期にわたって、父のコトバが子供の成長にその姿を現して来ることを思えば、長期間の訓練の力は、実に偉大であると言えるだろう。

才能があるかないか

続いて鎮一氏はこう言っておられる。

『三歳の豊田耕児君がユーモレスクをひき、七歳の江藤俊哉君が協奏曲をひく。それを見たあるおとうさんが、三つの男の子をつれてきて、

「この子に音楽の素質があるかどうか、鑑定をお願いしたいのですが……」

といわれたことがあります。才能があるならやらせようというわけです。

三つの子どもに音楽的才能や文学的才能があるかないか、どうして鑑定できるでしょうか。このおとうさんには、才能は生まれつきではない、つくるものだといってあげてもわからないのです。しかも、世間にはこれに似た親たちがどんなに多いことか。（後略）』（三六―三七頁）

この才能があるかないかという質問は、普通、「この人生に生れて来たとき、その才能を持って生れて来ているかどうか」という意味に使う。しかし鈴木氏は、そうじゃなくて、才能はこの人生の訓練と忍耐とで、誰でも立派に育って行くもの（つくるもの）だ

と主張されるのである。

では誰が「作るのか」というと、その人の環境が作って行くと考える。たしかにそう見えるかも知れないが、それでは「環境」がその人の〝主人公〟になるではないか。もし悪い環境に生れたら、誰でも悪くなるし、良い環境に生れると善人になって行く。一見そう見えても、生長の家では、「環境は心の影である」という。

それ故、人間はこの世に生れ出る時でも、その心にふさわしい父母のところに生れてくる。そして父母が、そして又その国土が、その子供の心にふさわしい教育環境を与えてくれるのである。しかも人間の本性、即ち「真性の人間」は「神人」であって、神そのままなのである。即ち、

『滅ぶるものは「真性の人間」に非ず。
罪を犯すものは「真性の人間」に非ず。
病に罹るものは「真性の人間」にあらず。
地上の人間よ、
われ汝らに告ぐ、
汝ら自身の本性を自覚せよ。

汝ら自身は「真性の人間」にして、そのほかの如何なるものにも非ず。』(『聖経 甘露の法雨』*「人間」の項)

と記されている。人間は「神人」であるから、完全円満である。それ故、天才はすでに全ての人間に内在しているというのが「神の子・人間」の信仰なのだ。だからこそ誰でも訓練と忍耐とによって、その天才なる本質を現し出すことが出来る。しかも人生の主人公は、〝環境〟ではなく、環境を現し出す人間の〝心〟そのものだという〝主体性〟が出てくるのである。

そこで人間は肉体という物質の奴隷ではなく、肉体を道具として使用する「主人公」だという自覚も生まれ、肉体の欠陥をものともしない勇気と忍耐力が出現することになる。

〝勘〟を養う

その実例として鈴木鎮一氏は、ある盲目の子供の実例を次のようにのべておられる。

(九五頁以下)

ある日の朝、洋画家の田中実一氏が五歳のむすこさん禎一君をつれて鈴木氏をたずねて来られた。禎一君は目の病気で、両眼を摘出する手術をうけた子である。父はこの子の一生のともしびのために、ヴァイオリンを弾かせてやりたいという愛念をのべられた。
何も見えない幼児に対して、どう指導したらよいか。「一週間よく考えてみますから、自信ができたらお引き受けします」と鎮一氏は答えた。そして自分も目をつぶって、ヴァイオリンを取り出し、弓をとり出してひいてみた。すると何の不自由もなく弾けるのだ。弓先も、弦も、コマの位置も、ハッキリと感じられる。〝見える〟のである。
これは鈴木先生の今までの訓練の賜物だが、見るのは心で見るのであり、眼で見るのではないと判った。
『わたしたちは目にたよっているのではなかった。〝勘〟と呼ぶところの感覚の力でひいていたのです』（九七頁）
『訓練を重ねて身についた力となったとき、わたしたちは、生命の働き――無意識に働く大いなる力、つまりこの〝勘〟という能力ですべてをやっていく。』（九七頁）
と気が付いて、禎一君のレッスンを引き受けたという。弓の先が〝見える〟ようにしてあげようと決めた。先ず子供に弓だけを持たせて、「弓を上と下とに動かしてごらんなさい」次に「右と左へ」と要求する。が中なかうまく動かない。これを一週間の宿題としたのである。一週間後にはかなり出来てきた。次は「弓の先を左手でつかむ」こと。

さぐらないで、いきなり弓の先をつかむ。これも宿題にした。失敗なしで五回続けてつかむことを。これも進歩した。そして禎一君に、

「弓の先が見えるでしょう」

というと、いつも、

「はい、見えます」

と答える。つまり目でなくて心で見ることができるようになったのである。

次は左手を弓の先で突くけいこをやらせた。こうして〝勘〟を養う、この練習をたゆみなくやらせた。次に「左手の親指を、弓の先で突くけいこ」だ。

これが出来れば、弓の先がはっきり〝見える〟と鈴木氏は思ったと書いておられる（一〇二頁）。こうして繰返しの訓練と練習によって、その〝勘〟が出来上がったのである。そこではじめてヴァイオリンのけいこが始まった。それが約一年。こうして禎一君は他の子どもと同じように、いろいろの曲がひけるようになり、

『有松洋子さんや豊田耕児君・小林武史君・小林健次君など、小さなわたしの生徒たちが日比谷公会堂で演奏会をしたとき、六歳の禎一さんは「ザイツの協奏曲」をひきました。小さな盲目の少年の無心に演奏する姿に、会場の多くのひとびとが泣きました』（一〇

四頁）
と書いておられる。このような偉大な〝心の力〟こそ、全ての人びとに与えられた「神の子・人間」の「無限力」であり、その力を出す辛抱と努力もまた万人に与えられた「無限力」の賜物であると言う外はないのである。

＊谷口雅春先生＝生長の家創始者。昭和六十年、満九十一歳で昇天。主著に『生命の實相』（愛蔵版・全二十巻、頭注版・全四十巻）、『聖経 甘露の法雨』（いずれも日本教文社刊）等がある。
＊谷口家の恵美子さん＝生長の家白鳩会総裁、谷口恵美子先生。
＊『聖経 甘露の法雨』＝宇宙の真理が分かりやすい言葉で書かれている、生長の家のお経。詳しくは、谷口清超著「『甘露の法雨』をよもう」、谷口雅春著「新講『甘露の法雨』解釈」（いずれも日本教文社刊）を参照。

2 「今」を生きること

自由と平等

この世には色々の制度があって、会社や法人などでは、年二回ほどボーナスというものが出される。そして又〝定年制〟などを設けて、何歳になったら退職しなければならなくなるという場合が多い。しかし私はまだこれらの制度は、二つとも経験したことがないのである。

未経験だと、「論ずる資格がない」などと言う人もいるが、それでは私は男性だから、女性に対してモノを言う資格がないのか、となると、『白鳩』誌*には書く資格がなくなるし、「ドロボーはいけない」という忠告も出来なくなるだろう。というのは、まだドロボーの体験がないからである。

しかし人生というものは、今回が一回限りという訳ではない。そうでないと、「人生の意義」が失われてしまうからだ。何故なら、このいのちがもし一回だけのものだと、死んだあとはただ灰や骨だけしか残らない。そんな〝物〟だけなら、いくらお墓へ入れて拝んでも、ご先祖さまは嬉しくもなく、何の反応もないだろう。だが吾々の先輩達は、いのちが〝生きておられる〟と信じたのである。ただ今生きている人達の記憶の中にあるだけではなく、全ての人のいのちは、一回限りで骨や灰だけになるとは思わなかったのだ。

そこに他の動物と人間との大きな違いがある。だから唯物論者は、「あなたは動物と同じですか？」などと言われて驚くのだ。ただ単に「知能が発達した」とか「二本足で歩ける」などといった些事《さじ》ではない。人間の生活は、生きているいのちの認識から始まったとも言えるのである。

従って私も、かつての人生で、ドロボーをしたかも知れないし、多分女性として生活したこともあったのだろう。いつも女性ばかりではなく、男性としても生活したに違いない。だから人間は「肉体ではない」と分かるし、「肉体はいのちの使う〝道具〟のようなものだ」とも分かるのである。

つまり肉体の色や大きさや強弱は、〝道具〟のそれであり、丁度「自動車」の色が、白や黒やピンクや緑などと色々あり、大きな車も小さな車も、トラックや、ジープなど数多くあるが、それを運転している主人公の上下貴賤《きせん》とは無関係だから、「人間の自由と平等」を声高く叫ぶことができるのである。

誉めること

さてボーナスという言葉だが、これは「棒に突きさしたナスビ」ではなくて、多分日本では昔は使われなかった言葉のような気がする。ところが平成十五年十一月十五日の『讀賣新聞』には、こんな記事があった。

『毎年、十一月半ばのこの時期になると、あちこちでボーナス闘争に関する話が聞かれる。最近はボーナス交渉を春闘と併せて行う企業が増えているが、本来、ボーナスは年末のものであり、冬の季語でもある。

ボーナスの語源のラテン語のbonus（ボヌス）は、「よい、優れた、立派な」という形容詞で、金銭的な意味はない。歴史とともに意味は変化し、近代以降、ヨーロッパでは規定の報酬以外に支給される手当や、有価証券などの配当の意味で使われてきた。

現在、ヨーロッパやアメリカでも、日本と同様、会社が給与とは別にボーナスを支給する例は多い。これは能率給制度の中で、一定以上の成果を上げた場合に支払われる賃金の割増分とみなされる。
ただし、「十三か月目の賃金」と呼ばれるヨーロッパでは、ボーナスの額は一か月の給与程度で、アメリカのクリスマス・ボーナスも、年間賃金の5%以下程度だ。それに比べると日本のボーナスは、実感はともかく、高いといえる。(後略)』
この記事によると、ボーナスは「よい」とか「立派だ」と誉めることだから、良い制度に違いない。しかも日本でのボーナスは大抵一ヵ月以上を出しているから、世界最高の水準である。それをもらっていて、「今年は少ない」とか「ケチだ」と考えるのは、あまりにも感謝の念が失《う》せた人達と言えるだろう。どんな人でも、その行為を誉められたり、認められると、「もっと喜んでもらいたい」と思い、さらに良い事をしようという気持になるものだ。
「誉める」と言うと、何だか大袈裟な感じがするかも知れないが、「ありがとう」と感謝するだけでも、その気持を表現しないでいるよりは、よっぽど「良い結果」になるものだ。例えば平成十五年十一月二十三日の『毎日新聞』に、千葉市稲毛区に住んでおられる会社員、野上則之さん（47）の次のような投書が載っていた。

『米・カリフォルニア州の山火事で、刑務所の服役者が消火に協力して住民に感謝されたという。どんなに小さなことでも、人に心から感謝され、自分の行為が無駄でなかった、やってよかったと実感できたときのうれしさは無上のものだ。「自分には生きる価値がある！」と自信がわいてくる。人生観が変わった服役者も多かっただろう。そうに違いない。

逆のこともある。先日、図書館の貸し出しＣＤの棚の前で、利用者と図書館員がある曲の入ったＣＤを探しあぐねていた。彼らの話が聞こえ、たまたま知識のあった私はそのＣＤを見つけて差し出したのだが、２人とも礼を言うどころか会釈すらせず、私は気まずくその場を離れた。

頼んでもいないことを勝手にやったのだから礼を述べる必要はない、と彼らは考えたのだろう。確かにおおげさな感謝はむしろ迷惑だが、善意が冷たくあしらわれるのも身に応える。もう二度とこの図書館で他人に余計な親切はするまいと決心した。』

ありがとう……

このように、無関係の人がしてくれた善意の行動には、無表情や無反応などではなく、感謝のコトバの「ありがとう」でも「笑顔一つ」でもよいから、お応えするのが当り前である。そうすればこの世から「悪意の人」や不注意で失礼な人たちも、必ず善行に目覚めて、明るい社会になって行くに違いない。ついでに同月同日の同新聞には、前述の投書にくっついて、こんな文章もあった。

『　　主婦　間中　和子　72（千葉県野田市）

今日も1時間ほど電車に乗って東京へ出た。40分間は美人の「枕代わり」をした。いつも思うのだが、乗りこんできてすぐに眠るのは若いお嬢さんに多い。

初めは遠慮がちにだが、少しずつ体重がかかってきて、70歳を過ぎると支えるのがしんどくなる。かといって「起きてください」と言うのも恥ずかしい。きっと仕事で疲れているのでしょうと、我が子の顔が重なって、懸命に肩に力を入れて踏んばる。

不思議なことに自分の降りる駅になると、パッと目を開きそそくさと降りていく。そんな時に私は思う。「ああ、一日一善、朝からいいことをした」と。日ごろ、車内を見回しているが、あれほど熟睡をしているお年寄りを見たことがない。楽をしているせいか？　マナーか？

東京へ出ることが増え、電車の中は日常生活の縮図であることがしみじみと分かった。席を譲っていただいて座らせてもらうのも、肩を貸すのもお互いさまだ。こう考えると、年寄りだってまんざら捨てたものでないのでは。』

たしかに電車の中で、居眠りをする人は沢山いる。そしていつの間にか頭が傾いて、隣人に近よる。その時隣の人は、ジャケンに傾いた頭を押しやるか、そのまま肩の上にのせてあげるかは、本人と〝相手〟次第だろう。この場合は幸い、投書者が〝七十二歳の女性〟だったので、傾いた女の子の頭をそのまま肩にのせてあげたという。もし男性だったら、反応が違ったかも知れないが……

ところで間中さんは「年寄りだってまんざら捨てたものでは（ない）」と書いておられるが、人は誰でも年を取る。そして七十歳台から八十歳、九十歳と年がふえて行く。預貯金でも株式でも、このくらい安定して増えるものはない。しかし一歳から二歳などと、低年齢の増える率はとても大きいが、高年齢になるにつれて小さくなる。これはあまりにも「不公平だ」というわけで、〝意識の中〟では年齢が増えるにつれて、一年間が早く過ぎて行くように出来ているらしい。不思議で便利な処置だと思うが、どうだろうか。

中高年層も有望

ところで高年齢となっても、決して役に立たなくはならない。むしろ有望となるという例が、十一月二十日の『讀賣新聞』には書いてあった。

『モノづくりや営業の第一線で長年培ってきたベテラン社員の経験や技が、脚光を浴びている。中高年層のサラリーマンは、とかくリストラ対象の一番手と見られがちだったが、熟練した技術が若手に十分に伝わらず、この結果、競争力の低下にもつながっている点に企業もようやく危機感を持ち始めたようだ。』

という前文から始まって、ベテランの技に脚光が当り始めた実例が次に述べてあった。

『スズキの湖西工場（静岡県湖西市）で、ベテランの技能工の経験を生かした新たな生産方式が採用されている。

同社が一月に生産を始めた二人乗りの新型軽乗用車「ツイン」は、従来の自動車に比べ、月産目標が二百台と少ない。設備投資を抑えるため、手作業中心の生産を選んだ結果、熟練工の技が必要になったのだ。

そこで選ばれたのが、すでに生産現場の第一線を卒業した五十五歳以上の八人だ。この人たちは、社内では「匠《たくみ》」と呼ばれ、ツインの生産工程も「匠ライン」の名前で通じる。ツインは受注が好調で、増産が必要になった四月には、増員に踏み切った。新たに配属されたのは六人の新人で、「匠」が新人に技を伝承する仕組みになった。

匠は、自分よりも四十歳近くも年下の新人と一組になり、部品の取り付け方や、ねじの締め方などを教え込んだ。

現在の自動車の生産工程は、分業化が進んだため、幅広い作業分野を一人でこなせる人が少なくなっているが、ヘルメットに若葉マークをつけた新人は、約半年間にわたる〝修業〟で、車作りを一通り体験し、十月一日付で別の配属先に巣立った。

この新人たちについて、車体第一完成グループの尾崎湧一組長(51)は「匠ラインで考えながら、仕事を覚え、車の組み立て全体が分かっているので、のみ込みが早い」と話す。こうした若手社員を増やすためにも、同社は今後も、湖西工場の匠ラインを新人養成の場として活用していく考えだ。(続く)』

この「匠《たくみ》ライン」の匠という字は、〝お師匠《ししょう》さま〟の匠《しょう》だから、先生の意味だ。だから「匠ライン」は「巧《たく》みな」命名と言えるだろう。しかし匠《しょう》(たくみ)はもともと〝職人さん〟の意味だから、高等数学の先生などには使わない。技能的、文芸的方面のお師匠さんのことだ。このように日本語には色々なコトバがあるから大変有難い。関西では「ほんわか」とか「はんなり」とか、その他擬音《ぎおん》なども沢山ある。例えばガチャガチャ、モクモク、ソワソワ、ペチャクチャなど……色々である。

しかし欠点もあって、漢字の発音が同一のため、同音異義の言葉が沢山あるから、耳で聞いただけでは本当の意味が分からなくなることもある。ことに地名や人名では、〝ふりがな〟をつけないと読めない（発音できない）ことも沢山あるから、せめて「ひ」を「シ」と発音しないで、「シ」も「ひ」と発音しないでもらいたい。せめてアナウンサー氏には、「ヒ」がヒと言えるように訓練してもらいたいものだ。

それに又アクセントも日本語にはナイのではなくてアルのだ。例えばオクと平坦に発音すると、置くになり、オクと〝オ〟にアクセントを置くと、奥や億の意味になる。カントーと平坦に言うと巻頭のことだが、カントーと〝カ〟にアクセントをつけると関東になるのである。

ベテラン・コーヒーなど

ところで先ほど引用したベテランという言葉も、もうラジオやテレビやコーヒーと同じように日本語になったが、元はヴェテラン（veteran）という〝老練者〟の意味だった。その〝ベテランの技〟の欄に、続いてこう書いてある。

『スズキ以外の生産現場でも同様の動きがある。ヤマハも掛川工場（静岡県掛川市）で、専門的な技能を持ったベテランが若手を指導しながら、ピアノ作りを進めているという。

ベテランの積極活用は、モノづくりだけにとどまらない。

日興コーディアル証券では十月下旬、一定以上の資産残高がある一部の顧客を対象に、〝株式のプロ集団〟が電話で相談や注文に応じる「株式アドバイスセンター」を設けた。（後略）』

たしかにピアノやヴァイオリンのような微妙な楽器は、〝匠〟でなければ立派な作品は出来上がらない。ストラディヴァリゥのようなヴァイオリンは、数億円もするというではないか。とても若手の職人さんでは作れないし、年齢を経ても、〝感性〟の優れた国宝級の匠でないと作れないらしい。

ヴァイオリニストの千住真理子さんが持っておられるストラディヴァリゥは「デュラ

ンティー」という名前の名器だ。イタリアの名匠Antonius Stradivarius（1644-1737）によって約三百年前に作られた作品で、こう書いておられた。（平成十五年十一月二十三日の『讀賣新聞』より）

『（前略）手にした瞬間、威圧的ともいえるエネルギーが私の運命をさらった。私はフラフラになるまで弾き続け、弾けば弾くほど〝生き物〟のように息を吹き返す〝音のエネルギー〟の強さにすっかり虜《とりこ》になった。

その楽器が、作られてからすぐにその時代のローマ法王に献上され、三百年近くバイオリニストの手に渡ったことがなかった、とわかったのはその後三か月くらいたった頃、証明書が手元に届いてからのことだったのだ。

しかし私にとって大切なのは〝音色〟である。その楽器の経歴が良いとか珍しいとかいうことはバイオリニストにとっては関係ないことだ。出会って恋に落ちた相手がのちに「実は王子様だったのだ」と言われたような気持ちだ。

堰《せき》を切ったようにあふれ出る音のエネルギー、それは長い年月弾かれたくてたまらなかったデュランティーの激しい想《おも》いだ、と悟った。（後略）』

こうなると楽器も作者の「心」そのものとなり、金銭的な価値を乗り超えてしまうのである。

時間が勝負

それ故、日本人であろうが他国人であろうが、その「心」如何ではどんな作品でも製作できる。芸術作品ならば、絵画でも彫刻でも同じことが言える。さらに又その他の食料品でも、工業製品でも、「心」如何によっては立派な価値を生み出すのである。例えば「時間」を早くするか遅くするかという事でも、こんな変化が起る。平成十五年十一月二十四日の『産経新聞』に、東海大学教授の唐津一《はじめ》さんが、こう書いておられた。

『もう三年も前になるが、東京都大田区の産業活性化シンポジウムで、同区を〝世界の即応工場〟にしようと提案したことがある。つまり、注文が来たら、あっという間に作って納入するシステムを作ろうというのである。そのころ携帯電話のブームが始まったが、ある企業では、携帯電話の試作品をわずか三日で作ることに成功して、試作の注文を独り占めにしたことがあったからだ。

この話題が新聞に載ったら、シンガポールからスピーカー二万個を一カ月で作る工場はないかという問い合わせが来た。こうなると値段よりも納期の早さが競争力になる。

日本は、その点では実に恵まれている。電話一本かければ、すぐ飛んできて、こちらの要求を聞いて、たちまち金型を作ってくれる。もちろん海外よりは価格が多少高いこともあるが、今の時代は変化への対応力が最重要であって、時間が勝負だ。このような変化は、銀座に出てみるとよく分かる。わずか数週間で、歩いている人たちのファッションががらりと変わることさえある。

日本はまさに変化の国である。このような日本の変わり様を見るために、海外から随分視察に来ていることを知っていてほしい。彼らは大抵、二、三人のグループで来ているので目立つ。東京の秋葉原は電子機器業界の最先端を見るためには最適の場所だ。日本のメーカーが出荷するデジタルビデオデスク（ＤＶＤ）は、世界の家庭内に普及していたビデオテープとすっかり入れ替わるのは確実だ。これは関係者にとっては凄《すご》い革命である。（続く）』

時間の次元は、「現実世界」の四次元世界の一翼を荷う重要な要素だが、心によって大いに変化する。このことは年配者と若者との差については前述したが、日本人の時間の正確さについては、世界的に定評がある。それはＪＲ新幹線の発着時間の正確さでも知られているが、ずっと以前（今の話ではない）ブラジルに行った時、バカに正確な時間に列車が来たので、聞いてみると「あ、これは昨日の列車だよ」と答えたという古い〝笑い話〟を聞いた。

私も現在テレビやビデオが故障した時、修理会社の人に来てもらったことがあるが、実に正確な日時に来宅してくれて、極めて良心的に修理してくれて、感心したことがある。世の中がデジタル化した利点と言えば、〝時間の短縮〟という要素がまず挙げられるであろう。さらに唐津教授は、こう述べておられた。

変化をやめればおちぶれる

『しかも、メーカーでは次の商品の企画を既に始めている。変化の時代には一歩遅れると、取り返しがつかない大打撃を受けるからだ。最近の統計では、日本企業が新技術開発に使っているお金は年間十六兆円で、ＧＤＰ（国内総生産）の三・二％となっている。これはＥＵ（欧州連合）諸国の平均二・五％に比べると凄《すさ》まじい巨額である。しかも海外諸国の数字は軍事関係も含んでいるのに対し、日本のほとんどは民生用だから、その影響力は計り知れない。

このような現場を見ていると、日本は高賃金だから、賃金の安い中国あたりに、やがては追いまくられて経済は破綻《はたん》の道を歩むといった調子の意見とは、まるで違った別の次元の姿が見えてくる。

今はまさに変化の時代である。その変化を加速しているのが新技術だ。だから、これからの日本経済を見通すには技術の行方を見通さなくては無理なのだが、意外にその話が世間には出てこない。多少数字が出ていても絵空事としか扱えないのか、行政の見通しにはほとんど利用されず、おまけの話としか扱われていない。

しかし、現実のほうが先を行っている。最近、光産業が巨大化して十兆円を超すところまでになった。鉄鋼業が十一兆円だから、それに匹敵する数字である。ところが日本の経済を扱った論文に光産業の話を見たことがない。一体、経済の専門家は何を見ているのだろうか。

日本の特徴は変化であって、しかも世界の最先端を走っていることだ。ところが、その中にいるわれわれは案外気がつかない。たとえるなら、新幹線に乗って走っているようなものだ。乗っているお互いは分からなくとも、外から見ると物凄い速さで変わっているのである。日本はこの変化をやめれば、たちまち並みの国になってしまって、おちぶれることは確かだ。

日本列島の面積は世界のわずか〇・三％である。ところが、この国の経済は世界の一五％のシェアを占め、アメリカに次ぐ経済大国だ。この数字を支えているのが変化である。走ることである。（後略）』

しかしここで言う走ることとは、変化のことであり、しかも「心」の中の変化である。いたずらに肉体の移動を言うのではなく、「心」における〝一点〟、即ち「今《いま》・即久遠《そくくおん》」の「今を生きること」こそが最も大切な心構えであり、まさに宗教の極意を実践する絶好のチャンスであり、〝新世紀〟であると言えるであろう。

＊『白鳩』誌＝生長の家の女性向けの月刊誌。

3　何を選ぶのか

手書きの文章

近ごろはパソコンやケータイが発達して、とても便利になった。多くの通信はこれらの機器に頼っているようである。しかし私は今この原稿を「手書き」で原稿用紙に書いている。しかもこの原稿用紙には、〝谷口清超原稿箋〟と手書きして印刷され、一頁四百字詰めの罫線《けいせん》も手書きのものだ。昔は、一頁二百字詰めだったが、これは雅春先生がご生前中に使われた原稿用紙をそっくりそのまま、〝谷口雅春箋〟の所を〝谷口清超箋〟に変えたものだった。だから今でも私の手許には、二百字詰めのものと四百字詰めのものとの二種類があり、その他機械印刷の原稿用紙もある。

手書きの原稿や手紙や葉書の利点は、それによって書いた人の「心」が、相手により多く伝えられる点だ。それは筆者のくせが、活字よりもよく伝わるからである。例えば平成十四年十二月十五日の『毎日新聞』に、鹿児島市の高校生柴田智美さん（17）の、こんな投書がのせられていた。

『先日、学校のホームルームの時間に「親から子への手紙」ということで、母親が書いた手紙をいきなり渡された。手紙には、母が私に対して思うことや「こんな大人になってほしい」といったことがつづられていた。

日ごろ決して口にしない言葉が慣れ親しんだぬくもりのある字で記され、一つ一つ母の声として胸の奥まで伝わってきた。母から私へ、愛情をいっぱい注いでくれていることをすごく感じた。

携帯電話やパソコンでメールのやり取りをしたことがある人は山ほどいるだろう。年賀状までもメールで済ませる世の中だ。そのせいか、手紙の存在感は年々、薄れている。手紙はもはや面倒くさいものとなってしまった。

しかし、人の書いた文字というのは、活字とは比べものにならない、良い味がある。書き手の感情がそのまま伝わってくる。たまには手紙で、自分の気持ちを届けるのも悪くない。大切な人に手紙を一通、手書きで送ってみてはどうだろうか。』

手紙などではこのように、相手に細かい心や年齢までも伝えることができるが、原稿ではかえって年配者の字は読みにくさや、筆力の衰えまで伝わるので、不便な点もある。つまり機械や人力にはそれぞれ一長一短があるから、両方とも使い道に応じて使うのがよさそうだ。

道具にもいろいろある

これは日本語の文章でも、漢字とかなや片カナを取りまぜて使うことによって、文章の内容がより一層細やかに表現される。それに縦書きと横書きが加わることによって、書物の形態まで変化することができる利点があるものだ。

かつて私も、元来機械好きの人間だったから、文章を書くときも、タイプライターを使ったことがある。それも菅沼タイプという邦文タイプだったから、とても面倒なもので、活字拾いで苦労した。そのうちひらがなばかりの「かなもじタイプ」を使ったり、ローマ字の英文タイプも使ったが、これは書いたものを読むのに一苦労して、すぐやめた。

そのうちワード・プロセッサー（ワープロ）が出来たので、その出来たてホヤホヤのを買ってみたが、これは当時百万円以上の定価だった。その前後に東芝製の円筒型の日本語タイプができたので、それも使ってみたが、これは漢字の字数が少なくて、予備活字を一いち円筒の中にはめ込むのに、ずいぶん時間を要した。これとワープロと、どちらが先に出来たかは思い出せないが、とにかく機械打ちには多大のエネルギーを使ったものである。

そのうちシャープの〝書院〟や東芝の〝ルポ〟などのワープロも使ったが、これらワープロ類は今はもう製造されなくなって、もっぱらパソコンに進化したようだ。しかし私はそのころから手書きの原稿に復帰して、パソコンなるものの機能のワープロ部分以外はまだ使ったことがない。だからその便利さも、通信能力のすばらしさも味わったことがなく、まだケータイも所有したことはなく、ファックスも持っていない。もっぱら固定式の電話機と手書きのメモや原稿や手紙や葉書で用を足している現状である。

そうなった原因の一つは、手紙の文章と機械打ちの文章とは、〝内容に差が出る〟ことに気付いたからだ。どう違うかというと、口では中なか言い現せないが、手書きの方が「書きやすい」のである。録音器に声で吹き込んでから、あとで筆写する方法もやってみたが、これでは文章にムダが出て、やはり自前の手書きにもどった。それも万年筆やペンやボールペンの手書きよりも、一番簡単なエンピツ書きがよいとなってしまったのである。

この利点は消しゴムですぐ消せること。軽くて安あがりで、書きやすいことだが、少々読みにくくなるようだ。しかしながら一番心の奥を伝えるのは毛筆の墨書きだが、これは書くのに手間がかかりすぎる。墨汁よりも丁寧に手で磨《す》るのがよいし、墨色に濃淡ができ、おまけにカスレまで出るのが最高である。時にはこのような美しい手紙を下さる人もあるので、感心する外はない。

情報の種類

ところで平成十四年十二月十五日の『讀賣新聞』の〝編集手帳〟には、次のような文章があった。

『横田めぐみさんが拉致された現場を歩いた。彼女が通っていた新潟市立寄居中学の校門のそばのサクラは、当時のままだった◆幹は一抱えもある。入学式の後、めぐみさんは、この木の下で記念写真に納まった。その写真が後に、自分の捜索に使われることになるとは、思いもしなかったろう。異国でこのサクラを思い出すことも多かっただろう◆校門から拉致現場とされる場所まで約五分。周りは閑静な住宅街だ。下り坂の向こうに日本海が、家並みにはさまれ、細く見える。平凡な日常が大切に営まれていた街から、突然切り離される。不条理さに胸を突かれる◆訪れた日、海は荒れていたが、夏には深い暗青色に変わる。柏崎市では有志が、その暗青色のリボンを胸につけ、被害者とその家族の永住帰国実現を願う運動を展開している。リボンは既に一万本も配られた◆市内にはセーターやコートにリボンを付けた人が目立つ。「人ごととは思えない」、それがリボンを付けた人たちの共通の思いだ。北朝鮮に拉致されていた五人が帰国して二か月がたった（後略）』

この文章は、手書きかパソコンか何か知らないが、読者の目には〝印刷された文章〟だ。しかも現地に行って見聞した現場の状態を書いておられるから、とても説得力があり、人びとの心も伝わってくる。しかし現場に行って見聞して記録した記者さんの生なましい印象は、読者にそのままは伝わらない。たといテレビでこの情景を放映しても、記者さんの目撃したときの感動の方が、一層大きく心情的であったに違いない。

その理由は、現地に直接行った人は、目・耳・鼻・口・皮膚の五官全てを使って、さらに六感まで使って、現場の実情を感受するからである。それも四次元の時空間を体得している。ところが何らかの媒体（テレビでも、新聞・ラジオでも）を使って受信した人びとは、どこか欠落した情報しか受け取れない。例えばテレビが如何に生なましい情報を伝達しても、それは〝時間〟という要素が加工されていて、本物ではない。空間もまだ三次元空間を体験し得ないし、限られた〝一部の空間〟しか受信できないからである。

つまり簡単に言うと、直接面接したり、体験した〝本人〟にしか分からない情報があるということだ。そこでどうしても、人と人とのめぐり合いや対面、面接、面受《めんじゅ》ということが必要な場合がある。入社や入学試験に、面接試験が必要となる所以《ゆえん》だ。

しかしだからといって、機器を通してのヴァーチャルな伝達が不要となるのではない。パソコンなどを駆使して、世界中の人びとと意見交換をしたり、緊急の情報を伝え合うことの便利さと効能は多大であると言えよう。だからこれらの通信手段は、今後どんどん発達する必要があるし、そうなって行くに違いない。しかしそれでも人と人との対面や、それに近い情報の伝達は、どうしても必要なのである。

訂正するとき

そこで同じように「ウソは言いません」と言っても、そのコトバが実行されているかどうかは、手紙や電話だけで本当かどうかを判別できないこともある。が、紙上に発表された論文で、それを何回も繰り返されたりする、そのコトバの力は大きいのである。

しかし又対面して言われることには、それを越えた何かがありうるものだ。

例えばこんなことがあった。現在私は原宿にある本部会館*まで歩いて通っている。しかし以前は自動車や自転車を使った時もあった。けれどもガソリンや電気の消費を少なくした方が、地球全体のためにもよかろうという思いと、健康保持のためにも運動が必要だと感じて、歩くことにした。それ以前には自転車で通ったこともあった。

しかし東京渋谷の原宿あたりは、車や歩行者が多く、自転車で通うにしても、歩道を通るのが困難になった。車道を通るのも、八十歳をすぎると次第に難しくなったので、私の自転車をある娘さん（仮にAさんとする）に譲ったのである。タダではなく、いくらかで買ってくれた。

それはもう何年か昔のことだったから、ある時フトそのAさんにめぐり合ったので、

「あの自転車はまだ使っていますか。いらなくなったら、私が引きとってもいいですよ」

ときいてみた。すると、

「ハイ、使っています。たまにですけれど……」

というような返事だった。そうかそうかと安心して、そこから十分ぐらいも歩いて帰っていると、何だか後ろの方で声がする。振り返ってみると、さっきのAさんが、息

せき切って走ってくる。どうしたのかな、と思って立ち止ると、彼女は、
「さっきはすみませんでした。あの時は急なことで、自転車を使っていますと言いましたが、それはウソでした。いつかあの自転車は盗まれてしまって、今はありません。でも先生がいつもウソをついてはいけないと教えておられたので、大変だと思って、追っかけて来ました」
と涙声で言うのである。つまりウソの訂正のために、彼女は息を切らせて十分間も走ってきた。その努力と正直さに私も感謝して、「ありがとう」とお礼を言って別れたのであった。

このような時、ウソを訂正して、正直な答えをするという彼女の行動は、肉体的に、走るという行動と対面して涙ぐむという表情とで充分よく伝えられた。それはあとで手紙や電話や、その他の間接的手段で伝えられるよりも、ずっと高度の情報伝達であり、まごころの表現であったと思う。

と同時に、私が何回か普及誌*などで「ウソを言ってはいけません」と書いてきたことも、役に立ったし、少なくともそれを実行しようと努めている人がいることを知らされて、自然に「ありがとう」というお礼のコトバが出て来たのだと思う。

失敗の教訓

人はこのようにして、数多くの事件や出会いや情報によって、とても大切なことを教えてもらうのである。人に伝えることも、また逆にこっちが教えられることになる。だから信仰の問題でも、その神髄を先輩や先覚者から何とかして「教えられたい」と思うばかりではなく、自分の分かったことだけでも他の人に「伝えてあげる」ということが、極めて大切である。そして分からない点があったり、間違ったら、講師さんとか先輩の人たちにきいてから、また正しく返答したらよい。すると必ず自分自身の信仰も一層深まるものだ。

こうして人生学校では、あらゆる点で教えられ、失敗からも教えられ、不幸や災難からも教えられる。戦争のような不幸な事件からも教えられる点が沢山ある。しかし戦争や不幸や災難は、神の国にある「実在」ではなく、「現象」という影像（映像）のようなものだ。そこでその影（お蔭）をつかんで、それを神格化してはいけない。例えばドロボーに入られた人が、ドロボーも何かを教えてくれ、カギをかけることを教えてくれた。そう思って、自分もドロボーをして、人々に「カギを掛けなさいよ」と教えてやろう――というような、光と影とを混同した行動や発表をしないことである。

例えば昔ある人が体験発表をして、何かの難病が治ったと言った。しかし本当は治っていなかったのだが、「そう言ったらコトバの力で治るだろう」と思ってそう言ったと話されたことがあった。これではこの人はウソを言い、多くの人びとに間違った情報を伝えたことになる。それはいけないので、体験発表や、誌友会*を、自分の病気治しの道具につかったことになるから、悪因が悪果をもたらすという結果になるのである。

それ故「過去の歴史」からもいろいろと教えられることがある。かつての大東亜戦争（太平洋戦争）でも、多くのことを教えられた。だからといって、もう一度日米戦争をやったら、もっと沢山教えられるだろうと思って、嫌米政策や反米政策にうつつをぬかすような愚か者はいないであろう。いないはずだが、それに近い言論を発表している者がいるとすると、これは人びとへの教訓のためにドロボーをしてやろうという愚か者と同列であり、さらにより多数の人びとを惑わすことによって、悪業の何倍かの悪果をもたらすことになる。

人はよく他人の行動や政策を非難する。そして自分の見解を誇示するが、これは誰にでも出来るコトバの遊びであり、不幸な現象をもてあそぶ危険な行為である。ことに物事を〝比喩〟によって示そうとする時、現実はひどく歪められる。例えば平成十四年十二月十三日の『毎日新聞』には、さいたま市の立林淳さん（31）という人が、次のような投書をしておられた。

比喩への注意

『小泉純一郎首相、竹中平蔵金融・経済財政担当相への批判が強い。竹中氏へは十字砲火といってもいいぐらいだ。

有力政治家たちが「この国は一体どうなるのだ」とか、「(竹中財政は）ペーパードライバーの運転だ」と非難している。生意気ながらその政治家の方々に言うが、国家財政をここまでにしたのは一体どこの誰か。先述の発言をしたご当人でなくとも、これまでの政治家のせいではないか。竹中氏をペーパードライバーと呼ぶなら、これまでの財政担当者たちは乱暴な運転をした上に反則切符を切られそうになるや猛スピードで逃げ回り、姿をくらました違反ドライバーだ。それが積もり積もって700兆円になろうとする赤字や不良債権などになったのではないか。

もう国民は十二分に失望した。

恥を忍んで書くが、私は最近職を失った。不況の中での仕事探しは楽なものではない。だから、と言うか、それでもと言うべきか、小泉首相、竹中氏頑張れ！　日本を後戻りさせないで下さい。』

さらによく小泉さんが「丸なげ」したなどと書くが、「丸なげ」はゼネコンなどが下請け会社に仕事を全部まかせて、親会社が利鞘《りざや》を取るようなあやしげな行為を言う。これも読者に対して悪い印象を与える言葉のスリカエだ。これでは真実が正しく見えて来ない。ニュース報道はなるべく公平で、そのままであってもらいたいものである。

とにかくコトバは全ての現象を作り出す根本的エネルギーだから、身《しん》・口《く》・意《い》のコトバ即ち「三業《さんごう》」は大切にして、その全てが正しく活用されるような文明社会を作りたいものだ。そして悪業を生み出す悪因縁を捨て去り、善業のもとである善い明るい因縁を、限られた文章の上にも現したいものである。

さらに又これからはますますデジタル化が進み、通信手段も複雑化し、かつ多様化するだろう。それも大いに結構なことだ。私も近頃はデジタル・カメラの恩恵に浴して、最近出版した私の本の表紙もこれで撮ったものだ。だからそうした通信手段や受信手段の発達は大いに好ましいが、それと共に古来の書籍出版や各種の芸術文化の表現やその訓練も大切な「無限力の開発」に役立つものである。

しかし現状では、この見解に対して無理解な人も沢山いるらしい。平成十四年十二月十八日の『産経新聞』の「正論」欄に、藤原正彦氏（お茶の水女子大学教授）は「情報時代にこそ活字文化が重み増す」と題して、こう書いておられた。

『先日のある審議会で、局所的判断や短期的視野を得るには論理や合理や理性だけで間に合うかも知れないが、正しい大局観や長期的視野を得るにはそうはいかない。一見役に立ちそうもない文学、芸術、歴史などの教養、そして誠実、慈愛、勇気、正義感、卑怯《ひきよう》を憎む心、美的感受性、もののあわれ、家族愛、郷土愛、祖国愛、人類愛といった情緒が必要、と私は述べた。これに異論が出たのは予想外だった。（中略）どんな事柄でも論理的に正しい議論はゴロゴロある。その中からどれを選ぶか、すなわちどの出発点を選ぶかが決定的で、この選択が教養や情緒でなされるのである。論理は得られた結論の実行可能性や影響を検証する際に、はじめて有用となる。

現在、わが国の政治、経済、社会、教育はどれもうまくいかないでいる。改革につぐ改革がなされているが、一向に功を奏せず国家は危機にある。原因は各界のリーダー達が正しい大局観を失ったことにあり、その底流には国民一般における教養や情緒力の低下があるのではないか。この回復は活字文化の復興なくしてありえない。真の教養のほとんどと美しい情緒の大半が、読書などを通じて育つからである。情報社会でもっとも大切なのは、いかに情報を得るかでなく、いかに情報に流されず本質を掴むかである。大局観を持つことである。活字文化は情報時代にこそ重みを増すのだと思う。』

正しい選択

そして又人びとに内在する「無限力」の中には、最も臨場感のある「人と人との対面対話」の効果も大いにありうるのだ。例えば平成十四年十二月十七日の『讀賣新聞』には、群馬県富岡市の獣医師・山本貞司さん(76)の、次のような投書がのせられていた。

『ある宴席でのこと。隣で酒を飲んでいた友人が「今度、たばこ税が高くなるが、困ったもんだ」と言った。私は「米やミソが増税になるのは反対だが、酒やたばこならいい。困るなら、やめてしまえ」と言った。

案の定、「お前に禁煙ができるのか」と食ってかかられ、何も言い返せなかったが、いつか禁煙してやろうと心に誓った。それから数か月後の私の誕生日の前夜、「これで最後だ」と二、三本のたばこを立て続けに吸って禁煙を始めた。

禁煙による苦しみが始まったのは翌朝からだった。初日、三日目、七日目と、うなり続けた。今吸ったらそれまでの苦労が無駄になると思い我慢を続けた。煙なら人の吐き出す煙でも、線香の煙でもいいから吸いたい、というのが当時の心境だった。

二、三年の間は、夢の中で人に隠れてたばこを吸ったものだが、やがて苦にならなくなった。

七十六歳になっても健康そのものでいられるのも、あの二十数年前の宴席でのやり取りのおかげと思っている。』

このようにして山本さんは、大変な努力の結果、美事に禁煙に成功されたが、このような友人とのやりとりは、「人と人との出会い」によって初めて実現する〝人生ドラマ〟であり、それ以外の手段では不可能だろう。例えば手紙でのやりとりや、パソコン通信では、もちろん役に立たない。電話のやりとりでも、ファックスの交換でも起りえない〝禁煙〟の結末であった。

このような対面効果はいくらでもあるが、人と人との面会には時間的な制約があり、面談の数はすこぶる限られてくる。そこでどうしても「選択」という問題が起る。誰と会うことが出来、どのくらいの時間をそれにあてることが出来るかが計画され、決定されるのだ。このような「選択」はデジタル機械でも、パソコン通信の情報でも、全てのやりとりに起ってくる。人は全ての情報に目を通すわけにはゆかないからである。

パソコン情報の中には下らないインチキ情報もあるし、ウィルスによる混乱情報もあるだろう。それらの「選択」にはかなりの時間とエネルギーを必要とするが、結局人びとは「何を選ぶか」によって、その人生を決定する。しかもその「選択」は、「心」によって行うのであり、当てずっぽうに選ぶのではない。時には〝直感力〟やインスピレーションというものに依存するが、これらは平生の祈りや瞑想「神想観*」によって、正しいものや真実に近いものを選択する力を得る。

即ち、「真理が汝を自由ならしめる」と断言し、それを信じる宗教的確信と実践とが、吾われ人類全体の志すべき最良の生活目標だと言えるのである。


*本部会館＝東京都渋谷区神宮前一－二三－三〇にある、生長の家本部会館。

*普及誌＝生長の家の月刊誌。「白鳩」「光の泉」「理想世界」「理想世界ジュニア版」の四誌がある。

*誌友会＝生長の家の教えを学ぶ会。主に居住地域単位の日常的な集まり。

*神想観＝生長の家独得の座禅的瞑想法。詳しくは、谷口清超著『神想観はすばらしい』、谷口雅春著『新版 詳説 神想観』（いずれも日本教文社刊）を参照。

4　変化から進歩する

現象は不完全

新しい年が始まってから、アッという間にもう五月になろうとしている。年はあらたまり、人間の年齢も年ごとにふえていくように、地上生活では、「不変」とか「絶対」ということはありえない。というのはこの現象界は実在する「常・楽・我・浄」（涅槃の四徳）ではないからである。即ち、現象界は影であって、実在する〝実相世界〟〝涅槃《ねはん》〟ではないからだ。

ついでに説明すると、「常」は涅槃の不変なる実在、「楽」は苦を離れた真の楽、「我」は本当の自己が大自在なること、「浄」はすべての迷いのない清浄《しょうじょう》無垢《むく》をいうのである。

そこで涅槃でない現実世界は、不変ではなく、恒常でもない。空に輝く恒星即ちスターでも、いつしかその光のエネルギーを失って、宇宙の塵となるか、ブラック・ホールとして見えない世界に入ってしまうのである。それ故、人間の作った法律でも規則でも、あるいは又憲法でも紙幣でも貨幣でも、金でも銀でも変化してゆくし、完全無欠ということはありえないのだ。

従って日本国憲法でも不完全なところはいくらでもあるし、第九章には改正条項が定められている。昔の明治憲法でも変化しうるように〝改正条項〟(第七十三条)が付けられていた。さらに皇室典範も変更されうる(第七十四条)とされていた。

そのようなわけで、現在の日本国憲法で、「自衛権」の問題が解釈の仕方であやふやに取り扱われているが、平成十二年一月二十一日の『産経新聞』の〝産経抄〟にはすでに次のように記されていた。

集団的自衛権

『「21世紀日本の構想」懇談会の報告が「協治」や「隣交」などの新造語を振り回したのには閉口したが、なかに刺激的な主張もあった。集団的自衛権行使で国民的論議を、という提言はその一つである　▼およそ日本の安全保障の問題で、何がおかしいといって集団的自衛権をめぐる問答ほどおかしいものはない。いまは新聞用語で詭《き》弁は奇弁と書くようになったが、それをめぐる問答は危弁、鬼弁、飢弁、棄弁…。あるいは偽弁、欺弁、疑弁、戯弁ぞろいなのである ▼集団的自衛権は国際法ばかりでなく、日米安保条約の前文でもうたわれているが、政府は「日本は集団的自衛権を保有しているが、行使することは憲法上許されない」としてきた。権利はあるが、行使はできないのだという

▼行使することができない権利なんて一体何なのだろう。夜の公園を彼女と一緒に散歩していたら、悪い奴にいいがかりをつけられ、からまれた。むこうが悪いのだからこちらには抵抗する権利がある。場合によってはなぐり返すことも正当防衛であり、緊急避難として認められる ▼それはいい、しかし自分の場合だけに限られるという。彼女がやられた場合、男たるもの彼女をかばってなぐり返そうとしても、その〝集団的自衛権〟の行使は認められないというのだから、ばかげている。常識の外であり、話にも何にもならない ▼もし憲法がそれを認めないというのなら、そういう憲法がおかしいのである。懇談会が国民的論議を求めたのは当然ながらいいことであった。報告のキーワードは「日本のフロンティアは日本の中にある」だという。フロンティアを開くカギは小渕首相のポケットの中にある。』

権利はあるが使うことはできないなどというナンセンスな議論がまかり通っているのは、現代日本政治家の驚くべき迷妄と怠慢である。まさに産経抄氏の言う如くであり、私も以前から集団自衛権は国家固有の権利であるといい、不完全な日本国憲法の前文でさえも、こう書いている。

『(前略)われらは、いづれの国家も、自国のことのみに専念して他国を無視してはならないのであつて、政治道徳の法則は、普遍的なものであり、この法則に従ふことは、自国の主権を維持し、他国と対等関係に立たうとする各国の責務であると信ずる(後略)』と。

この自国とか他国という言葉を、自己と他己という言葉におきかえてみるとよく分るだろう。自分と恋人とに置きかえると、産経抄氏の一文とピッタリ一致する。恋人でなくても、見知らぬ他人でも、彼や彼女が殺されそうな時は助けるものであり、ワシャ知ラヌと、すましているわけには行かないのが人間の本性である。

隣家が火事になってた時は、進んで消火に協力する。協力の仕方には色いろあるが、自分の家が火事の時だけは他人から助けてもらうが、隣家や向かいの時は知りませんよではすまないのだ。人は犬や猫がおぼれても助けてやろうとして、川に飛びこんだりする。これが人間としての愛の行為だが、国と国とでは、自国のみが助けてもらい、同盟国の時は〝危うくない所で待機する〟だけでよいと思うのは、あまりにも利己的でありすぎるだろう。

やめたり変えたりもできる

そこで法律でも憲法やその解釈でも、当然一定不変ということはありえない。改めるべき点は改めて行かなければいけないはずである。おそまきながら、「21世紀日本の構想」懇談会が小渕首相（当時）に各種の見直し案を提出し、集団的自衛権や選挙権を十八歳からにする件とか、英語を第二公用語にする案など色々提案してきたことは、新世紀への流れとして当然のことである。ついでに成人式なども、ガラガラに空いていたり、ケータイや雑談をする会合になっていたりするならば、さっさとやめたらよいのである。

新しく作ることも、やめることも自由である。作ることばかりでは、やがて祝祭日もふえてきて、年がら年中休日ということになってしまい、かつて海軍の訓練が「月月火水木金金」と行われたのと正反対に、日本国民は一億総「土日土日祝祭日」となり果てるかも知れない。しかし現在生長の家本部で行っているように、休日は全てフレックス制として、一週間に好きな日だけに、決められた数がとれる制度にすると、土日や祝日の交通が大混雑するという不便がなくなり、平日の通勤もずいぶん楽になるだろうと思う。何しろケータイやパソコンやファクシミリが発達した現在では、仕事にさしつかえるということも、なかろうではないかと考えるからだ。

ついでに言うならば、かつて政府内でデノミについての意見集約が行われていたようだが、これは今の百円を新一円と改めようという考え方だ。すると一円が一弗《ドル》や一ユーロと肩をならべて、世界通貨的役割を果すのによさそうだという考え方である。これも一案だが、新紙幣発行にともない旧紙幣や旧貨幣の変更やコンピュータ・ソフトの変更に金がかかりすぎて、日本の赤字財政を圧迫するといって反対する人々も多いのである。

それ故私は昔、円単位の上に両《りよう》の単位をもうけて、一両が百円に当たるようにすればよいではないかと、福田赳夫首相時代に福田さんに提言したことがあった。今でもそうすれば、円紙幣はそのままで使えるから、〝両〟紙幣だけを新しく印刷すればよいので、あまり費用はかからず、おまけに紙幣の流通量がふえるから、色々な面で有利だろうと思うのである。すると庶民の購買力もふえ、0金利政策などという〝例外的政策〟に永年しがみついて、人々の購買力を奪い、世界中の人々が「日本人はよく0金利で我慢している」と驚くような現象も少しは改善されるのではないだろうか。

その外「変えること」はいくらでもある。「小異を捨てて大同につく」ということも時には必要だ。神のお力は、限りなく広大無辺であると同時に、微粒子や複雑な遺伝子や、さらにはブラック・ホールの中にも、ホワイト・ホールの中にも満ちあふれている。それ故「一即多」ともいう。日本人は昔から八百万《やおよろず》の神々を礼拝したが、その「多」は「一」でもあり、唯一神なる神様（天之御中主神）の個別的お働きを、夫々別の神々の名でお呼び申し上げたのであった。

自然治癒力

そこで現象界に起る困難や危機的状態を、チャンスと思って〝進歩向上〟に結びつけることもできるのである。かつてアメリカに起った世界的な経済恐慌が、その後のアメリカ経済の発展につながったことを忘れてはならない。大病を患ったおかげで、正しい信仰生活に入ることができたという人は、数多く存在する。また事業の倒産をキッカケにして入信し、家族円満な後半の人生を送ったという例も沢山発見されるのだ。

それらはすべて現象界における〝変化〟やケミカライゼーションを通してであることも共通した現象である。身体に起る発熱も、それは悪ではなく、身体に内在する自然治癒力の働きであることは、よく知られた事実であるから、これは悪ではなく善であったともいえる。本当の善は善悪を超えているから、「悟り」は即ち「不思善不思悪」ともいうのである。

例えば静岡県富士市厚原というところに住んでおられる上原れい子さん（昭和二十四年三月生まれ）は、平成十一年十月十七日に、総本山*の団体参拝練成会*で、次のような体験を話して下さった。れい子さんのご主人は海上自衛官で航空隊に所属し、昭和五十年ごろは長崎県に住んでおられた。ある日れい子さんは長崎での生長の家の講演会に行き、「人間・神の子・無限力」というお話を聞いたのだ。そして彼女はすぐさま家族全員と姑さんとを聖使命会*に加入させたのであった。

すると後になってそのことをご主人が知り、怒って「離婚する」とまで言われたが、その時れい子さんは、

「あなたのお母さんに仕送りすることだけが親孝行じゃありません。しかし一番お母さんを神様に守って頂きたいと思ったから、お母さんも聖使命会に入れたんです」

と言った。すると立腹していたご主人も、それっきり黙って、何も言わなくなった。

そこでれい子さんは自由に生長の家を学べるのだと思って、母親教室*などに入って勉強

しはじめた。さらにＰＴＡの役員にもなって活躍したというのである。

こうしてれい子さんが今までとはすっかり変わり、生々した生活をされたのを見て、ご主人はさらにびっくりされたようであった。そのうち長崎県から鹿児島県に転勤したので、れい子さん一家は鹿児島県の鹿屋《かのや》に引っ越した。その時四番目の子供さんを妊娠して安産された。けれども産後三週間目から、右手の小指、薬指、中指、人差指、拇指と痺れが拡がり、一週間で手首が完全に麻痺したのである。

さらに右腕も完全に麻痺してしまい、一晩で顔がしびれだして麻痺があらわれ、言葉も全く出なくなってしまった。やがて右脚もしびれてきて、みっともない転び方をするようになった。これからは四人の子供を育てようという時だったので、れい子さんはどうしたものかと思い悩んだが、それでも彼女は、言葉がしゃべれなくても『甘露の法雨』をワーワーと発声しながら誦げ続けていた。

さらに新留講師の指導を受け、ご主人もそれを聞いて下さり、鹿児島大学医学部附属病院に入院した。すると検査の結果、原因はよく分らないが、多分多発性硬化症だろうと診断され、ステロイド投与の治療が始められた。しかも重症筋無力症の十倍の量で、朝一回〇・五ミリグラムが注入される。強い薬にもかかわらず一切副作用がなく、次第に麻痺は回復していった。まだ舌たらずだが、言葉もでるようになった。けれども右手足には障害が残って、右手で箸が使えなくなったのである。

「ありがとう」が言えた

それまで四年間生長の家の教えを学んでいたので、れい子さんは神様に全托して、「神想観」を行い、先祖供養のための聖経読誦*と、愛行*と笑いの練習を続けた。そして左手だけで『甘露の法雨』を写経した。こうして次第に元気を回復していったのである。

そして又彼女は子供の教育のことを考え、昭和六十三年に四人の子供を連れて郷里の静岡県の富士市に転居した。その結果ご主人は単身赴任の淋しい生活となったが、一所懸命で働いて下さった。そのような状況で、れい子さんはＰＴＡの役員でもあったので、平成九年十月のある日、朝のあいさつ運動を行い、次いで知人宅で雑談している最中に、プッツ、プッツという音を聞き、脳の血管が切れたような気がした。と同時に頭がこの世のものとも思えないくらい痛みだしたのである。

それでも知人宅で倒れるわけにいかないと思い、我慢してバイクに乗って帰宅した。途中、信号待ちをしている時、

「二度目の脳障害だから、助かっても身体障害者となり、もしかするとご昇天かな」と思ったりした。家に帰ってみると、朝早くだったので、まだお茶碗が洗ってない。それを洗って、洗濯ものを干し、長女の結婚式が近いので近くのお菓子屋さんにお菓子をたのみに行き、それから長男に身体の異状を告げた。

「これこれで、お母さんは間もなく倒れますから、あなたはすぐ救急車を呼んで下さい。お母さんは脳障害だから、富士脳研（脳障害研究所附属病院）に急いで運んでもらって下さい」

と頼んでから倒れてしまった。その後五日間は意識不明となったというから、よく最後まで落ち着いて仕事を片づけたものだ。

その後意識がもどった時、「上原れい子……」と言葉を出してみた。すると言葉が出るではないか。手足を動かすと、手足も動いた。ああ、また神様が助けて下さった――と思った。しかも両眼も開いて見えたのだ。

その時彼女は、四十八歳で本当の信仰心が目覚めたような気がした。意識不明だった間に、病院では全ての検査をしてくれて、左脳の血管が詰まっていたというのである。もしこのままで手術をしないでいると、若年性痴呆症が始まるだろうと言われ、脳の手術を受けることにした。そしていよいよ手術が終り、麻酔が切れかかった時に、誰かが、「上原さーん、上原さーん」

と声をかけてくれた。するとその時、家の仏間で誰かが祈っていて下さる光景が鮮明に見えたように思った。主治医が「終りましたよ」と声をかけて下さるので、思わず、「ありがとうございました」

と答えた。するとそれを聞いて主治医さんが「医者冥利《みょうり》に尽きます」と、とても喜んでおられたと、あとで看護婦さんが教えて下さったほど、ハッキリと「ありがとう」という言葉が出たのであった。

しかもそれ以来四十八年間ずっと続いていた頭の痛みが消え、右足の具合が悪くて曲っていたのも消え、すっかり健康を回復し、白鳩会*の支部長や母親教室をしながら、明るく活躍しておられる現在である。

ケミカライゼーション

人はこのようにして、難病や奇病で、死にかかったようになった時でも、そこから変化して再起することもできるのである。そのためにはどうしても「人間・不死・不滅・

神の子なり」の根本的な信仰が何よりの回復力の源泉となる。そして「神に全托する」という心境でいることが大切であり、一切の怒り憎しみ恨みなどはスカッと放下し、〝身心脱落《とつらく》〟することが大切な心構えである。

右の如くこの世ではケミカライゼーションということがしばしば起ってくる。これは「自壊作用」と言われるもので、信仰的に使うと「迷いの自壊作用」であると、すでに『生命の實相』初版*（革表紙）の百七頁にも記されている。例えば酸にアルカリを加えると、一時的に急激な化学反応が生ずる異変が起るが、やがて完全に中和して平静化してしまう。そのように心の中の迷妄が、真理のコトバや自覚により、病変や異状社会が変化し、進歩し、そして向上して、より一層調和のとれた「あたり前の状態」に復帰する現象である。

このような現象を外側から眺めると、以前は対立や混乱、闘争、時には戦争であったりすることもあるが、本来「神の国」にはそのような不自然な対立があるはずがない。悪が善と対立するということもない。それ故不思善・不思悪という。善悪対立を超えた絶対善の世界が実相*（実在）だと悟るのだ。こうなると他力信仰とか自力信仰などという言葉も、別に異なった信仰をもち対立しているものではなく、〝絶対力の信仰〟と言うべきものであり、宗教的対立も解消するはずである。

現代でも地球上の多くの地域で発生しているキリスト教とイスラム教との対立や闘争なども、もともと同じ絶対神を信ずる兄弟宗教のようなものであり、仏教といえども「仏」は「神」と対立した概念でないことを自覚するならば、排斥し合う必要はなく、平和裏に全人類の共通遺産として、共存共栄して行くはずの教えである。

そのためには、肉体をもって地上に出現して来た釈迦世尊やイエスキリストそれのみを神の子と考えたり、仏であると主張したりするような偏った考え方をさけ、全ての人々が神の子であり、仏であり、さらに又「山川草木国土悉皆成仏《さんせんそうもくこくどしつかいじょうぶつ》、有情非情同時成《じょう》道《どう》」と知り、ありとしあらゆるものが完全であり、仏性《ぶっしょう》であり神性そのものであると、「物質的現象」を超えた「実相世界」（実在）こそ真実の実在だ、それ以外の不完全はなにもあり得ない――と信ずるところまで昇華した信仰が拡大されなければならないのである。

神の子人間を差別しない

いつかも奇妙な宗教らしいものが、死んだ肉体を甦らせようとして、ミイラ状の遺体にエネルギーを吹きこもうとしたりしたという報道があった。あるいは○○という教祖を信仰の対象として、その人物を信仰するのだとか、ある特定の人物にだけ「天声」が天降《あまくだ》るなどという宗教（らしいもの）が出現しているが、そのような「一定人物」だけが神の恩寵《おんちょう》に浴して、他のものはその声と無縁であり、その「一定人物」の告げるコトバに従う外はないなどという差別的宗教は、真実を伝える教えとは言えないのである。

即ち真理は「物質現象」という影の世界を基としては得られないのであって、影を超えた「実在」のコトバをインスピレーション的に受容する訓練（修行）をして行かなければならないのだ。それを行うのが「神想観」であり、「禅定」であり、正しい瞑想である。これは中々難しいといえば難しい。従って毎日練習する必要があるし、これだけやったから、もう全て悟ったとかというような限界はないのである。

それ故真実の信仰生活は、この肉体一代の人生で終るものではない。この肉体人生が終って、別の肉体的なものを使うところの大変化が起った後も、さらに実在界を心に描く練習を続けて行く必要がある。それが生れ変りの人生といわれるものだが、この生れ変りは現実の肉体人生から見ると、「死」という一大変化なのである。

けれどもその「死」の次に来る人生、即ち「次生《じしょう》」、さらにその次からを「後生《ごしょう》」と呼ぶが、それらの大変化は、常に進歩向上の訓練の場だということができる。従って何も恐れる必要はなく、あわてふためくことも不要である。平成十二年一月には、百七歳の成田きんさんが亡くなられたが、平成十二年一月二十六日の〝産経抄〟にはこんな記事がのせてあった。

『「つべたなったなあ、おみゃーはどうしてこんなにつべたあなっただ」。妹ぎんさんは姉きんさんのほおをさすってそういったという。名古屋弁のペーソスが漂って、方言ならではの味を出していた▼金は雄弁、銀は寡黙という役柄も二人の名前そのままで、いつも軽口や冗談を放つのはきんさんのほうだったようだ。テレビCMの出演料がでた。どうしますかとたずねられ、「老後のために貯金します」。なんという傑作だろう▼笑いは脳を活性化させ、老化を防ぎ、病気の治癒力を増すことは医学的に立証されている。阪神大震災でどん底の人に「とにかく笑ってみてください」とすすめる医師がいた。むりに笑顔をつくるだけでも脳はだまされてハッピーになってくる。フィードバック効果というそうだ▼ワンマン宰相吉田茂はジョークの大家といわれた。戦後アメリカから文化使節としてバイオリンの名手メニューインが来日。吉田は聴きにいったが休憩時間で帰り、翌日、記者団に「ゆうべはメニューインのピアノを聴きにいったよ」と語った▼記者たちは「ついに首相ももうろくしたか。ピアノとバイオリンの区別もつかなくなった」と書いたが、どっこい、吉田は百も承知。神童といわれたメニューインの腕もにぶり、伴奏のピアノのほうがよかったことの皮肉だった。そういう〝小言幸兵衛〟や〝いじわるばあさん〟的でもいい▼しかしきのう本紙「高齢社会」欄の「元気にあいさつ／世の中を明るく」のほうがもっといい。「老人は常に機嫌よく生きていなくちゃいけない」というのは毒舌で鳴るコラムニスト山本夏彦氏である。「それがこの世への義理さ」と。至言だろう。』

意外な〝変化〟があってはじめて、ジョークやユーモアのある人生が味わえると言えるのである。

＊総本山＝長崎県西彼杵郡西彼町喰場郷一五六七にある生長の家総本山。
＊団体参拝練成会＝生長の家総本山に教区単位で、参拝し受ける練成会。練成会とは、合宿して生長の家の教えを学び、実践する集い。
＊聖使命会＝生長の家の運動に共鳴して、月々一定額の献資をする会。
＊母親教室＝生長の家白鳩会が、全国各地で開いている、母親のための真理の勉強会。

＊聖経読誦＝『甘露の法雨』を始めとする生長の家のお経の総称を聖経といい、その聖経を読誦すること。
＊愛行＝人々に対する愛の行い全てを言う。
＊白鳩会＝生長の家の女性のための組織。全国津々浦々で集会が持たれている。
＊『生命の實相』初版＝谷口雅春著。昭和七年発刊。現在の頭注版・全四十巻、愛蔵版・全二十巻の元となった本。（日本教文社刊）
＊実相＝神によって創られたままの本当の姿。

5 心の視野を広くもて

ホントの話

かつて会話の中で、「ホント？　ウッソー」と言う言葉が連続して使われたことがあった。流行語というものは、通用期間が短いのが普通だが、このホントとウソは、面白い言い回しで、ホントとウソとが同じ意味になりそうな感じである。ある人が思い掛けない事をしたとかいう場合に使われる意外性を強調している。

しかしこの場合の「ホント？」は、真実とか真理といった深刻な意味ではなく、現象的な出来事、例えば〝ある偉い先生が生徒に恋をした〟とか何とか、そういった場合に使われた。この場合の〝偉い〟というのはいいかげんな評価で、決して「真理」などというオソロシイものではない。そのようなわけで、ホントと書くと、何となく軽い感じになり、現象界の出来事のようである。

従って、「私は神様を見たよ」という時には、「ホント？　ウソー」と使えるが、この場合の神様は本物ではない。何故なら、「本当の神様」は五感・六感を超越しているからである。その理由は、もし本当に神様を見たとすると、その神様は小さいに違いない。「無限に大きいもの」は見えないからだ。小さい神様では、本当の神様と言えないので、小さい仏像とか神像といった〝物体〟にすぎない。

だからそんな物体をいくら拝んでも、オカゲがそこから来るわけではなく、もし来るとすると、別の原因によって病気が治ったりすることもある。これは一種のプラシーボ現象といって、偽薬的効果である。メリケン粉などでも、それに色をつけ丸めて、

「これはとてもよく効く薬だ」

と〝偉い先生〟に言われたりすると、それを飲んだ患者さんが良くなったということはありうる。「きっとよくなる、治る！」という信念で、自然治癒力が良く働くからである。

仇討ち復活

このように言葉は時代と共に移り行き、使われ方や書き方まで異なってくるが、

「ウソ、ホント？」

と聞かれると、どう答えたらよいものだろうか……ところで『ホントの話』という本（呉智英著・「小学館」刊）がある。この方のお名前はどう読むのかと思ったら、「くれ・ともふさ」と読んでも「ごちえい」と読んでもよいと表紙の裏に書いてあった。一九四六年に愛知県で生まれ、早大法学部卒業とあるが、その本の中に、

『私は死刑廃止論者なんです。死刑を廃止して仇討ちを復活せよ、と言ってるんですよ』（二六頁）

と書かれてあった。明治時代に穂積陳重《ほづみのぶしげ》という法学者がいて、〝法律進化論〟ということを唱え、民衆を啓蒙しようとした。すなわち、人間の長い歴史の中で法律はしだいに進化したんだという。その『復讐と法律』（岩波文庫）という本の中で、

『（前略）穂積は、刑法について進化の過程を説明し、その起源は復讐にあるとします。すなわち「およそ生物にはその種族的存在を害する攻撃に対する反撃をなすの性質がある」と言うのです。もちろん、人間にもある……「この現象は人類の一般的現象である」。しかし、復讐をそのまま認めると、復讐のそのまた復讐が起きて、社会が治まらなくなる。それで、金銭で解決するなどの制度が生まれ、最終的に近代刑法ができた。そ

こでは、私的な復讐は禁じられ、代わって国家が処断する。と、こんなことを述べています。』（『ホントの話』二一七―二一八頁）
呉氏は大体この通りだと認めて、国家に先立って人間の基本的な権利として復讐はあった。しかし国家には数千年の歴史しかない。その基本的権利の一つである復讐権を近代国家は奪ったと主張し、
『国家に先立つ人間の人間としての権利。それを人権主義者は基本的人権と言います。それなら、法制史をひもとけば明らかなように、死刑は基本的人権に反した制度になるはずです。なぜならば、死刑は人間の復讐権を国家が奪う非人間的な制度だからです』（二一八頁）
と言うのである。「これ、ホントかな？」と思うような結論だろう。さらに又こうも言う。
『私は、民主主義だの人権思想だのを信じない〈封建主義者〉である。従って、天皇制廃絶を唱えている……私は右派でも左派でもない。佐幕派である（笑）。だいたい、天皇制廃絶を唱えて高く掲げる旗をアカイ旗だとばかり思っている方がおかしくはないか。天皇制廃絶を唱えてアオイの旗を掲げることだってあるはずじゃないか（笑）。』（二二一頁）
この〝アオイの旗〟というのは〝葵の旗〟、即ち徳川家の家紋のことだ。ここで、「ホ

ント？　ウソ！」と言ってもおかしくはないだろう。

封建時代

もっとも徳川将軍の続いた封建時代にも、天皇陛下は〝天朝さま〟として京都御所に在位しておられたので、〝廃絶〟されていたのではなかった。ただ政治や軍事面を、幕府にまかせておられたのであるから、共産党などが唱えだした天皇制反対論とは性質が違う。むしろ現代の日本国憲法にあるように、政治や軍事から離れられたのが天朝さまのお姿であったから、いくら封建制サンセイでも、天皇制廃絶には直結しないはずだ。

しかも徳川封建時代では、諸藩大名たちの謀叛《むほん》を防ぐために〝参覲《さんきん》（勤）交代《こうたい》〟を命じ、原則として一年交代で藩主を江戸と領地とに交代させ、藩に居住する時には大名の妻子を江戸に居住させ、〝人質〟とした。しかも参覲交代の行列には何百人もの供侍《とも》を行列させ、交通路に住む農民や町民からは多数の人足や物資を供出させて、莫大な〝財政的負担〟を強いたのである。

そのため諸藩は財政の困難を来し、幕府の財政もまた困難となり、国全体としての軍備などはほとんど無に等しく、わずかに幼稚な大砲や火縄銃、槍、弓矢、刀剣といった類のものしかなかった。そこへ外国から「黒船」が訪れ、たちまち〝攘夷倒幕〟や〝尊王攘夷〟の大動乱が巻き起ったのである。この騒乱の中で各藩はさらに〝佐幕〟と〝尊王〟とに分かれ、〝攘夷〟と〝開国〟も対立し、四分五裂の状態となった。

ヨーロッパ諸国の封建時代でも、国王の独断専行によって多くの人民が彼らの領土欲の犠牲になった。ことに日本の幕末には、その争いで武士や町人農民等の考えの中には「天朝さま」と「公方様《くぼう》」（徳川時代には将軍様）という区別があっても、〝日本全体〟を考え、〝日本国の将来〟について何が正しい政策かを考える人が極めて少なかった。

従って〝忠義〟についても、藩主や徳川家といった主君に対する忠誠を考え、そのためには死も厭わぬ心掛けを重んじた。即ち現代的な忠君愛国とは違って、その忠誠の対象は極めて小さかったのだ。さらに各藩の武士の中でも上士と下士との区別があり、その差別がひどい藩（例えば土佐藩）とそうでもない藩とがあり、藩主が佐幕であれば武士はその考えに従わざるを得ず、藩主が尊王であれば、その考えで行動せざるを得なかった。

そこで、藩主の考えに従うことの出来ない武士たちは、次々と〝脱藩〟して浪人となり、これらが全国から京都や江戸に出没して、勝手気侭な活動をやり出し、手段を選ばず辻切りや放火なども行われた。しかも浪人になった人々の多くは下級武士（下士・郷士）たちであった。

困難とおちこぼれ

このような社会情勢の中で、いち早く「日本国」のために何が正しいか、攘夷か開国かを考えた武士もいた。有名人としては有力な幕吏であった勝海舟と、土佐藩を脱藩した浪士坂本龍馬《りょうま》などがそれである。この両者の夫々の立場は全く異なっていたが、共通点としては共に「日本国全体」のことを考えていた。勿論ごく若い頃からというのではないが、両者共に剣術にはげみ、免許皆伝の域に到達していたのであった。

しかも少年時代は共に〝困難に戯れた〟人々で、勝海舟は貧乏に苦しみ、坂本龍馬はハナタレ小僧の寝小便タレで、脳足らずのおちこぼれと思われていたが、郷士の家系ながら、豊かな家庭だったようだ。私はかつて勝海舟について少し述べたことがあるので、本稿では龍馬について説明するが、幸い『坂本龍馬関係文書』第一巻、第二巻（日本史籍協会叢書・東京大学出版会発行）という書物がある。さらに司馬遼太郎氏の小説『竜馬がゆく』（文春文庫・全八巻）がある。これは小説といっても、無数の歴史的文献を購入し、それに従って書かれた長篇物語であるから、歴史には忠実と言えるだろう。
(註・書物によって〃龍〃〃竜〃との二つが使われている)

これらによってみると、龍馬は幼い頃はおちこぼれであっても、やがて身心共に成長し、姉の乙女《おとめ》から剣道と足相撲や水泳などでもきたえられた。そして十二歳になった弘化三年(一八四六)、高知城下の楠山《くすやま》庄助の私塾に通い、十四歳のとき自宅近くの日根野《ひねの》弁治《べんじ》の小栗流剣道場に入門した。(以上は主として百瀬明治氏の『坂本竜馬おもしろ事典』紀行社刊による)

坂本龍馬の家系と家紋は明智光秀に発し、父は坂本八平、その子供は権平、千鶴、栄、乙女、龍馬の順となっている。さて龍馬は十代後半になると、メキメキと身長・体重がふえ、やがて五尺八寸(約一メートル七十六センチ)ぐらいになった。彼はさらに剣道を修行したいと思い、江戸に二回も留学して、千葉(岡本)貞吉の道場に入門した。北辰一刀流で、息子の千葉(岡本)重太郎や妹のさな子(佐那子)とも仲よくなり、やがて免許皆伝となった。とにかくすばやい籠手《こて》や突きが得意で、真剣では人を殺さず、命を助けてやることを心掛けたようだ。司馬さんは『竜馬がゆく』第八巻の「あとがき一」でこう書いている。

『「薩長連合、大政奉還、あれァ、ぜんぶ竜馬一人がやったことさ」と、勝海舟がいった。』（新装版・三九五―三九六頁）と。

事実勝海舟の文献にも同様なコトバがのっているが、北辰一刀流の免許皆伝については「同あとがき一」に、司馬さんが各地を取材旅行して、

『竜馬が千葉家からもらった北辰一刀流の免許皆伝の伝書一巻を見ることができたのも、そのひとつである。

この伝書は、明治後、縁族のあいだを転々としていたが、ついに大正の末年、その最後の所有者が渡米したために彼地《かのち》に渡っていた。』（三九六―三九七頁）

とあるから、本物であるに違いない。事実竜馬は後になって脱藩し浪士となってから、沢山の危険を剣一本と「心」で切りぬけている。

海舟と竜馬

このように少年期や幼年期におちこぼれていたり、のろまだったりしても、何か一芸に長ずる努力によって、偉大な人物となりうるものである。文久二年三月二十四日に彼が脱藩した動機も、土佐藩があまりにも上士と郷士（下士）との差別がひどく、さらに

山内藩主が佐幕攘夷の考えに固執していたからであり、彼はもっと広い立場で「日本全体のこと」を考え始め、〝自由〟と〝平等〟を求めたのであった。

その竜馬が幕吏の勝海舟に面会した最初は、「勝を殺そう」という千葉重太郎の誘いに乗った形で面会に行った。その理由は攘夷論者の重太郎が、「勝は、魂の底まで夷臭（外国かぶれ）の滲《し》みこんだ男だ。攘夷の手はじめは、まず勝を斃《たお》すことからだよ、竜さん」（『竜馬がゆく』新装版第三巻・一七〇頁）というわけである。

重太郎は水戸学からこのような考えに深入りしたが、竜馬はそれとは異なり、やはり「日本全体」の盛衰を考え、天皇以外は皆差別なく〝平等〟であるべきだと考えるようになりつつあった。しかし竜馬は軍艦奉行並《なみ》で軍艦頭取でもあった勝海舟の〝人物〟に関心があったので、誘われるままに「殺しに」行った。そこで二人は最初勝が幕府の〝軍艦操練所〟に出勤するのをねらった。しかしそれを変更して、赤坂元氷川下にある勝のボロ屋敷に行くことにした。井伊直弼《なおすけ》大老が殺された翌々年のことだ。開国主義者がねらわれていたのである。

その時勝海舟は、二人の用件を聞かずに〝海舟書屋〟という自分の書斎に通した。二人があいさつをすると、重太郎と勝とはギロンを始めた。その様子を『竜馬がゆく』三

巻の中にこう書いてある。重太郎が、

『「おそれ多くも当今《とうぎん》（天子）は、洋夷が上陸することさえ、神州のけがれであると忌《い》まれております。このこと、どうお考えでございますか」

「千葉君、きみはそのことを、まさか天朝様のお口からじきじきにお聴き申したわけではあるまい。また聞きのうわさを信じ、かつ不逞にもお心を推しはかって、わが言葉に焼きなおしているのだ」』（新装版第三巻・一九八頁）

この会話はその通りかどうかは分からないが、世間ではこれに似たことはいくらでもある。人の噂や、聞き伝えを信じて、口から口へと変化して伝わって行く。さらに勝は「開国」と「軍艦」について説いた。しかも、

『勝は、この意見を、この年の五月にすでに幕閣に呈している。

日本列島の防衛のために、海区を、東海、東北海、北海、西北海、西海、西南海の六つに分け、六艦隊をうかべる……

この六艦隊の総計は、なんと二百七十隻にのぼり、乗組員は六万一千二百五人である
……

「幕府の大官どもはおったまげたよ。とても金がないというお沙汰がくだった。だから

おれは、いま君らにいったろう。金は海から吸いあげろ、開国してどんどん貿易し、その金でこの艦隊をつくればいい、というんだ」

竜馬も、重太郎も、けむりに巻かれてしまった。しかし重太郎の身構え、いよいよ剣呑である。』（同書二〇一―二〇二頁）

重太郎が殺気立って、まさに脇差を抜き打とうという瞬間に、竜馬は勝にむかい平伏して、

「勝先生、わしを弟子にして仕《つか》ァされ」

と言い、以来竜馬は勝海舟の弟子として各種の指導を受けることになったのである（重太郎もやがて変わった）。しかも勝海舟はその翌日単身で千葉道場を訪れ、竜馬を自分が連れて来た馬にのせ、自分も別の馬に乗って〝軍艦操練所〟に連れて行ったというから、両者の気持がピッタリと合致したのであろう。海舟は以来、竜馬を軍艦にのせて、色々の訓練をし、各種の旅の便宜を計ってやった。

この勝と坂本竜馬との会見について、「松平慶永より土方久元へ」の書簡にはこう書かれている。

『（前略）両士勝の座敷へ通ると、勝は大声を発して、我を殺すために来るか。殺すなら

ば議論の後になすべしと云ふ……両士勝に面会して勝の談話を聞き、勝の志を感佩心服し、これよりして屡々勝へ往来すと云ふ。其後勝評判よろしからず、暗殺の風聞ある頃には、夜々坂本岡本両士はひそかに勝の宅を夜廻りして警衛せしと、これ坂本氏の懇厚の志を見る一斑なり（後略）』（『坂本龍馬関係文書一』六一頁より・句読点は清超が付けた）

西郷と竜馬

このような人間対人間のやりとりも、剣道の極意に通ずるものがある。相手が打ち込む一瞬のスキをとらえて、先手を取った方が勝つのだ。相打ちということもある。西郷吉之助と坂本竜馬との出会いも極めて微妙なものがあった。

当時の薩摩藩は反幕府的だったので、京都錦小路《にしきのこうじ》にある薩摩藩邸に竜馬は西郷吉之助を訪ねた。西郷には人切り半次郎といわれた中村半次郎（桐野利秋）などの用心棒がいたが、かまわず玄関で竜馬は名を告げて案内を乞うた。彼の名はすでに有名になっていたので、西郷も勝からも聞いていたからすぐ会うことができた。西郷吉之助は二回目の島流しのあとで、多少やせていたが身長は五尺九寸もあった。竜馬の来訪を聞き紋服に着替え仙台平の袴をはいたと司馬氏は書いている（『竜馬がゆく』新装版第五巻・二七二頁）。吉井幸輔《よしいこうすけ》も同座した。

竜馬がその時、庭に出て鈴虫をとっていたので、西郷はすぐその鈴虫を入れる籠を用意してくれた。その誠実さをみて、竜馬は（これは、大事を托せる男だな）と思った――と司馬さんは言う。このように人格というものは、何げない所に現れてくるのであり、形式より何より「そのままの心」が大切だ。お互いの挨拶の前の鈴虫事件だったが、さて両者向い合っても中々対話が進まない。すると鈴虫がリーン、リーンと鳴き出した。これは小説だから真実とは言いがたいかも知れないが、ホントの話のようだ。

『西郷はしまいに笑いだして、

「おいも無口じゃと人に叱られもすが、坂本サンも劣らんでごわすなあ」

といった。

竜馬も、ニコニコした……』（同書二七八頁）

このようにして、会話が出はじめるから、無口な人とか、あいそもくそもない、などと言って遠慮したりするものではない。ただ〝行動〟しなくてはならない。このようにして竜馬は薩摩藩と長州藩との仲をとりもつ結果になったのであり、後々西郷からも数多くの支援をうけている。

薩長の連合と、それに土佐藩が加わることが、竜馬の願望であり、そこから〝尊王開国〟が始まるという筋書が見えてくる。彼は土佐藩を脱藩しているから、土佐藩とは本来対立しているはずだが、彼はその後土佐藩の後藤象二郎とも手を握った。象二郎はかつて武市《たけち》半平太（月形《つきがた》半平太のモデル）など多くの勤王の志士を殺した〝仇敵〟だったが、象二郎が土佐藩の仕置《しおき》家老（長崎）となってから、この人物とも連絡をとり、「海援隊」という竜馬の作った〝私的海軍〟の拡大を計ったのである。

海援隊と大政奉還

「海援隊」は単に私設海軍というだけではなく、外国と日本との貿易を行い、輸出入を拡げて日本を経済的にも思想的にも豊かにし、出版事業も行いその「海軍力」によって遂に廃藩を行い、日本を天皇中心の自由・平等の国家にしようという〝雄大な理想実現〟のためのユニークな方策であった。

彼はその理想実現のために、〝海援隊〟の中でも、一切の階級制を廃し、各隊員の思想までも自由にした。従って中には脱藩者もそうでない各藩士もいたのである。そうはいっても、坂本竜馬は、色々の欠点を持つ〝現象人間〟だったから、礼儀には欠けることも多かった。第一「あいさつ」や洗面などはほとんどしていない。主客顚倒の場面も多かったが、何とも言えない人間的な魅力があり、女性にも好かれたようである。

そこで彼は火事で焼け出された〝おりょう〟（竜）という女性の世話をして、親しい船宿の女主人（おとせ）の養女とし、その後このおりょうさんを妻として、西郷の世話で共に薩摩に旅行し、さらに長崎にも行くが、これが日本における〝新婚旅行〟のハシリだとされている。何しろ西郷吉之助や勝海舟が大いに肩入れをし、さらにアメリカの大統領がどんな国民からでも選ばれうる存在だという点にひどく共鳴した人物で、明治開国の時代には極めて珍しい存在だったのである。

こうして竜馬は薩長連合に土佐藩を加えるかどうかの瀬戸際で、戦乱を回避し日本全体を救うためには幕府（慶喜）の「大政奉還」あるのみという名案を案出し、さらに上京の船中で「八策」なるものを述べた。その中には上下議員を置き、万機を公論（議）に決し、皇室中心のデモクラシー体制を八ヵ条にわたってのべている。

これを薩長二藩に伝えたのだが、はじめ〝主戦論〟の西郷や大久保一蔵は中々理解しなかった。それを説得すべく竜馬は上洛して、後藤象二郎と共に近江屋という醬油屋に泊まった。もともとこの大政返上案は勝海舟の胸中にもあったのだが、岩倉具視卿や中岡慎太郎は主戦論者で、朝廷から討幕の密勅を得ようとしていた。しかし土佐藩の顕官となった後藤象二郎は竜馬と共に大政奉還の説得を続けた。土州と長州藩は勿論武闘派である。芸州（広島）はやっと大政奉還を理解しだした。すでにその頃孝明天皇は崩御《ほうぎょ》なされ、明治帝はまだ幼帝であらせられた。従ってご身辺の公卿の誰かが〝玉璽《ぎょくじ》〟を押せば、いつでも詔勅が出せる状態であった。

まさに和平か開戦かの分れ道だ。そこで竜馬と後藤は徳川慶喜を動かすべく、側近の永井玄蕃頭《げんばのかみ》尚志を説得しようと努めた。その結果慶喜将軍は大政奉還に関しての可否を諸藩重役に問う会合を二条城で開いたのである（『竜馬がゆく』新装版第八巻・三一〇頁前後より）。慶応三年十月十三日のことだ。そこで示された徳川慶喜の意志は、「大政奉還可」であった。この会議には象二郎は出席したが、浪人の竜馬にはその資格がなく、近江屋で待機し、そこにはギッシリと多数の土州系の志士も集合していた。

やがて大政奉還の朗報が届き、竜馬は泣いて、慶喜のために一命を捨てる覚悟をのべたという（同書三二二頁）。その夜彼は徹夜して〝新官制案〟を作成し、岩倉卿や西郷・大久保にこの案の了解を得ようと努めた。そして彼はこの大事業の功を他にゆずって、自分は何の地位も栄達も望まないという心境だった。ところが慶喜の奉還の意志の表明の直後、討幕の〝勅命〟が薩長両藩に下ったのだ。早速竜馬は西郷を藩邸に訪れ、〝新政府〟を作ることを合意し、この新政府案を西郷も了解した。

この竜馬のように、局部観にとらわれず、常により大きな世界、全体のことや全相を見て、その中にある自分や国や集団を考えることが極めて大切なことである。竜馬は以上のようにして無欲恬淡《てんたん》にこの世を送り、「大政奉還」の大仕事をなしとげてから、近江屋の二階に宿泊して、マラリアのような高熱を発した。そこで綿入れや羽織を着込み、ハラバイになって中岡慎太郎と書類を見つつ話し込んでいた時、佐々木唯三郎の指揮する幕府見廻組か新選組かの刺客たちにおそわれた。

竜馬はいきなり前頭部を切りつけられ、中岡も後頭部を切られ、さらに数太刀を受け、刀の鞘を抜く間もなく竜馬は絶命した。刀を手許に置いてなかったからだ。その後下手人の名前は色々と取り上げられたが、『坂本龍馬関係文書二』の中にも確定された名前が出て来ない。地上に於ける竜馬の使命が終ったこの日は、慶応三年十一月十五日の夜であった。中岡は十七日まで生存し、その間に竜馬との最期の様子などを語ったのである。

第2章　人生の教材

1 小さな言葉でも

猿の毛を抜く

この世はコトバによって動かされ、作られていく。このことは、もう耳に胼胝《たこ》ができるくらい、聞き飽きているかも知れない。例えば憲法でも、法律や条例、お店での注文や、目ざまし時計の喧《やかま》しい音、全てがコトバである。勿論〝宣戦布告〟もそうだし、ちょっとした挨拶もジェスチュアもコトバである。

しかもこのコトバは、ちょっとしたアクセントの上げ下げでも、その内容や効果が違って来るから、要注意である。「はい」と言う返事でも、「ハイ」と歯切れがよいのと、「はいはい」とだるそうで、イヤダナーという気持ちが籠《こ》もっているのとでは、相手にもすぐ分かるし、その効果は覿面《てきめん》だ。

道を歩くときも、少し口を開けて歩くのと、口を閉じて歩くのとでは、一見して彼又は彼女の「知性」が分かるようなものである。何故なら表情も態度も、自己表現のコトバだからである。コトバは又文字で現すから、一字の違いでも、大違いとなる。例えば平成十五年四月一日の『讀賣新聞』の〝編集手帳〟には、こんな記事が書いてあった。

『明治期の経済学者で帝大教授を務めた和田垣謙三はユーモアを愛した人だった。「手っ取り早くカネをつくる方法は」と学生に聞かれ、答えている。「サルの毛を抜け」…◆いくら思案しても意味するところが理解できない。学生が恐る恐る教えを請うと、和田垣は判じ物を解いてみせた。サル（英語でmonkey）から毛（K）を抜け。すぐさまカネ（money）になる◆人間に知恵が及ばないことを笑って俗に、「サルは毛が三本足りない」という。そのサルから毛を借りねばならない人の知恵もまた知れていよう。珍妙な謎解きが安直な錬金術の愚を戒めたものかどうかは、古い話で分からない（後略）』

手っ取り早く「金儲けをしたい」と言う人は沢山いるようだが、猿の毛を抜くような簡単なことで金儲けが出来る、と言う「幻想」に取り憑かれ、やがて騙されてしまうことを教えている。それを英語のｋ一字を使って諷刺《ふうし》しているのだ。

ウソ、ホント

このように、ちょっとしたコトバの違いが、物事の本質を変えてしまうことがよくある。ある時、原宿の街を歩いているとき、後ろから大きな声で、「ウッソオ、ウッソオ、ホントオ！」と言う声が聞こえてきた。携帯電話で女の子が話しているのだ。この場合は、ウソとホントが同じ意味になっている。時には「うっそ！」ばかりで終始一貫する人もいるようだ。

これも彼女たちの使う言葉の調子で、ウソがホントに変換するから、まか不思議と言う他はない。こうしたコトバの伝染は、テレビやラジオが媒介となることが多いが、良い方向の伝播もある。例えば平成十五年四月二日の『産経新聞』には、次のような投書が載っていた。

『　　　　　　　　　　　井上隆元　73　元会社員

低血圧型の宵《よい》っ張り・朝寝坊が年々高じてきて、夜が更けても眠くならない。不眠症気味で寝付きが悪いから、目覚めてもどうも頭がすっきりしない。

睡眠薬などに頼らず、寝付きを良くする方法はないものかと模索していたら、テレビで「体内時計」を紹介する番組を見た。人間の体には、活動を支配する体内時計があって、それが正常に働けば寝付きも良くなるし、朝もすっきりと起きられる。

朝、太陽の光をいっぱいに浴びると、体内時計のスイッチが入って一日のリズムがスタート。夜は自然に睡眠状態に入ることができるという。

半信半疑だったが、朝、庭に出て朝の光をいっぱい浴びてみた。なるほど気分は爽快《そうかい》だ。その夜は十時ごろに寝床に入って、少し本を読んでいたら、眠くなってポトリと本を落とした。電気を消すとすぐに寝入って、翌朝はスカッとした目覚めだった。

それ以後、このやり方を続けているが、まことに体の具合がいい。一度試みられてはいかがか。(大阪府茨木市)』

やはり朝は早く起き、夜は夜更《よふ》かししないで、早めに熟睡するのが大切だ。当たり前のことだが、当たり前のことを教えてくれる社会が有り難いのである。ところが新聞でもテレビでも、「公平性」を欠いているような報道があるらしい。十五年四月一日の『毎日新聞』には「反戦報道」と題して、政治部の与良正男さんがこう書いておられた。

『雑誌の新聞批評は往々にして「初めにいちゃもんありき」のステレオタイプで、胸を打つことは少ないのだが、先週の「週刊現代」に掲載されたジャーナリスト、大谷昭宏氏の指摘は考えさせられた。

自身は反戦の側に立っているであろう大谷氏は、日本国内のデモの参加者は欧米に比べ、けた違いに少ないと嘆く。ところが、国民が「笛吹けど踊らない」にもかかわらず、毎日新聞などが大々的に報じるのは破格のサービスで、「痛々しさ」さえ感じると言い、こう問うのだ。

「ほんの少しばかり踊ってくれた市民に焦点を当てて、これぞ反戦の気運だと報道していく新聞の手法は、果たしてこのままでいいのか」

私たちは「これぞ」と押しつけるほど傲慢《ごうまん》でないし、日々悩み苦しみながら戦争報道を続けているつもりだが、大谷氏の言うことも理解できる。

私自身、市民団体の方から逆に「なぜ、反戦、平和の声をもっと取りあげないのか」と批判され、「十分過ぎるのではないか」と反論したことがあったからだ。

ただ、こうも付記しておきたいのだ。たとえ反戦デモが盛り上がっていないとしても、日本人の関心が低いとは私は思わない。米国とどうつき合っていくのか。安全保障はどうあるべきか……。国民もまた悩みながら、次の段階に進む過程にあると考える。

戦争は長期化の様相。デモといった目に見える現象ではない「内なる変化」をどうとらえ、（扇情的にならずに）報じていくか。難しいことだが、それが活字メディアの仕事、と肝に銘じたいと思う。（政治部）』

コトバと行動

マスコミも何をどう取り上げるかで、随分世の中に貢献したり、しなかったりする。だからコトバの使い方には充分注意しなければならない。コトバはまた、行動でも示せる「三業」の一つだから、ちょっとした愛行でも、人々を喜ばせたり悲しませたりする。平成十五年四月二日の『讀賣新聞』には、このような投書があった。

『　　　　　　　　　　　主婦　秋山　裕見　45（東京都世田谷区）

高校生の息子と中学生の娘の三人で出掛けた時のこと。ベビーカーを抱えたお母さんが、駅の長い階段を上っていくのを見かけた。私は息子に「一緒に持ってあげなさい」と言った。息子がその女性に近づいて手を貸すと、彼女はちょっとびっくりした様子だった。

夫の転勤でスイスに住んでいた時期がある。子供をベビーカーに乗せて出掛けると、路面電車や駅で必ず周りの人たちから助けてもらった。ほとんどが若い人たちだった。言葉もよくわからない私にとって、さりげなくさし出される手が、本当にありがたかった。そんな話を娘にしながら、階段を上っていく二人を見つめた。いつか息子にも、自然に親切のできる人になってほしいと思う。』

こんな愛深い人たちが一杯いる国になったら、電車やバスに〝優先席〟などという無《ぶ》粋《すい》な席はいらなくなるだろう。時には「有る」より「無い」方が増しなこともあるのだ。近頃は赤ちゃんがまだ母親のお腹の中に居るときから、男女の性別が分かるようになったが、私は曾孫《ひまご》が生まれるとき、オギャアと生まれるまで、男女の別を知りたいとは思わなかった。そんなお母さんも、おられたようである。

「知らぬが仏」

と言う諺があるが、

「あなたの過去など、知りたくないの」

と言う歌もあった。後者は意志的だが、前者は馬鹿にされた感じだ。しかしある夫人は、散々夫の女道楽に悩まされて、早々と記憶喪失症になったという。「知りたくないの」が、そうさせたのだろう。

神と戦い

この様にして、人は複雑多様な〝人生ドラマ〟を作り上げていく。それは神様が直接お造りになって、われわれに与えられたものではない。丁度芝居の筋書きのように、人がコトバで作り上げた作品である。だから「神が我々に味方して、この戦争を勝利させる」などと言うことはありえない。それを知らずに、

「この戦争はキリスト教とイスラム教との戦いだ」

などというものがいたら、その人の言う「キリスト教」や「イスラム教」は、「真理」ではないと言わざるを得ない。真理はただ一つ、「神は戦いを造り給わず」であり、昭和七年一月十一日の『声字《しょうじ》即実相の神示*』にあるように、

『神が戦いをさせているのではない。迷いと迷いと相搏《う》って自壊するのだ。（前後略）』

である。また『日本の実相顕現の神示*』にもあるように、

『敗戦の原因は多々あれども戦争を始めたから敗けたのである。是は過去現在未来永劫に変ることなき真理である。戦争を始めねば敗戦もない。当り前のことが当り前なのである。（後略）』

是をひっくり返して言うと、「戦いに勝ったのも、戦争を始めたからである。神が勝たせたのではない。これは迷いであり、仮相であり、芝居の一場面にすぎないのである」ということであろう。

戦争などと言うと大事件だが、もっとごく小さなお金に〝一円玉〟がある。これも昔は〝円タク〟と言われるタクシーが走っていた。その頃は一円もあったらタクシーで走れたのだが、今は一円では相手にもされない。しかし平成十五年三月三十一日の『讀賣新聞』にはこんな投書があった。

『コンビニでアルバイトをしている時のことです。私の担当しているレジに、お客さんがやってきました。私が「〇〇円でございます」と言ってお金をもらうと、一円足りないことに気づきました。一円をもらおうとすると、そのお客さんは「なんだ、一円ぐらいいサービスしてくれないの」と私をにらみます。

私は「すみません」と答えて、レジを打ちました。その時、お客さんは私のネームプレートをのぞいたらしく、「なんだ、あんた日本人じゃないの」と私を見ました。「韓国人です」と答えると、「そうだよね、日本人のはずないよね」と言ったのです。

もし日本人なら、このような場合、一円ぐらいはサービスするのでしょうか。少なくとも私はそうした経験はありません。祖国から離れた国に住むなら、こうしたことも我慢しなければならないのでしょうか。

もちろんすべてのお客さんがそうではありません。「頑張ってね」と、熱い缶コーヒーをくれる人もいます。人はそれぞれ違うことは分かっているつもりですが、こんな日はやはり落ち込んでしまいます。

日本には様々な国から大勢の人がやってきて生活しています。家族や友達と離れ、みんな頑張って生きています。そういう外国人に、もう少し温かい目を向けてほしいというのが、私のささやかな願いです。(日本語学校生　安　城璁　韓国)』

たった一字でも

「たった一円」のやり取りが、人種差別に繋がるとは、意外である。がこのようなコトバで外国人をたしなめる人が間違っている。このような人でも、鉄道の駅で、「一円ぐらいサービスしてくれないの」と交渉してごらん。きっとサービスしてはくれないだろう。すると「日本人のはずないよね」と言い返せるか？　この様にたった「一円」の一言《こと》や二言でも、大きな意味があるから、要注意である。

さてもっと穏やかな話に戻ると、世界でも珍しい文学として、俳句と川柳とがある。これらはどちらも、五七五の十七文字で表現される、「笑いを含んだ」小さな文芸作品である。一般には川柳だけがそうかと思われているかもしれないが、もともとは俳句もそうだった。

さらに〝季語〟は俳句だけにあり、川柳には季語がないと言うのも錯覚で、季語のある川柳も沢山ある。復本一郎さんの書かれた『俳句と川柳』（講談社現代新書）によると、両者の歴史や違いがよく分かるので、以下簡単に引用させて頂きたい。

俳句はもともと俳諧と言われたが、それに関連して「発句」と「連歌（連句）」と言う言葉がある。連歌は五七五の次に（又は前に）七七と付ける和歌を、連続して何人かの人たちが、続けていく歌の形式である。例えば、芭蕉とその弟子の野坡《やば》の二人が行った歌仙（三十六句）の例が『俳句と川柳』の二十三頁あたりにある。その第一句と第二句とが、

『むめがゝにのつと日の出る山路かな　芭蕉』

『処〳〵に雉子《きじ》の啼《なき》たつ　野坡』

である。この第一句が「俳諧の発句」あるいは「連句の発句」又は単に「発句」とよ

ぶのだそうだ。この「のっと」と言うのは芭蕉の作ったコトバ（擬態語）で、「早春の太陽の暖かさと、太陽が登る速度の二つながらを表現している」と言う解説である。たったこれだけのコトバであって、「ぬっと」でもなく、梅の香の漂う処に、「のっと」出る太陽を生き生きと表現した芭蕉の力量が、当時評判になったということだ。（二一四頁）

次に切字《きれじ》と言うのが、発句や俳句にはある。例えば「かな」とか「や」と言う簡単な言葉だが、芭蕉の有名な俳句、

「古池や蛙《かはづ》飛こむ水のをと」

のなかの五字目の「や」が切字だ。是があると俳句であって、無い場合、

「古池に……」

と読まれると、川柳となるのだそうだ。たった一音で内容や感じが変わってくる処がコトバの奥深さであり、「コトバの力」と言ってもよい。もう一つの例をあげると、芭蕉の作で朝顔をよんだ句、

「あさがほに我は食《めし》くふおとこ哉《かな》」

が俳句で、

「朝顔は酒の呑《のま》れる花でなし」

は、同じ朝顔と言う季語が入っていても、川柳である。（柳多留《やなぎだる》という古川柳集が出版された中から）しかもどちらにも諧謔性があるだろう。それが時代とともに俳句から笑いが消えていったようである。

笑いについて

それでは、俳句のルーツは何かと言うことで、『俳句と川柳』の中（五一頁）に、

《「笑い」の文芸である俳諧の最初のアンソロジーは、室町時代末期、明応八年（一四九九）の序のある『竹馬狂吟集』である》

と言う。そして「柳多留」のなかにある一句、「ひんぬいた大根《だいこ》で道をおしへられ」が、一茶の「大根引《だいこひき》大根で道を教へけり」の俳句と対比されて、俳句と川柳の違いが示されている。大根と言う季語はどちらにもあるが、一茶の俳句にある句末の切字（けり）が川柳にはないことがわかるだろう。そしてどちらにも、一種の「おかしみ」が漂っている。さらにもう一組。

「とやせまし蚊のとまりゐる子の寝顔」と言う嘯山《しょうざん》の俳句と、「たゝかれず赤子《あかご》の顔の蚊のにくさ」と言う麴丸の川柳とがある。これも蚊という季語が入っているし、とやせ

まし（どうしたらよかろうか）で切れ、たたかれず、でも切れているが、意味が川柳のほうが砕けているのだ。このように日本語の文芸は、ごく微妙な差で、区別されるのである。

さらにもっと砕けて、われわれの日常生活に登場する「メモ帳」についてだが、これにはちょっとしたコトバが書き付けられる。平成十五年四月三日の『讀賣新聞』には次のような投書が載っていた。

『　　　　　　　　　　　　　　　　大学生　山中　朋子　20（横浜市）

先日、駅の窓口を利用した時のこと。自分のメモ帳に時刻表を書き留めようとすると、窓口の机の上に、ちらしの裏面を使った、小さなメモ用紙があることに気が付きました。それを見た時、私は祖母のことを思い出しました。

新幹線が停車する駅の近くに住んでいた祖母は、週に一度、決まって駅近くの公衆電話に、自分で作ったメモ用紙と、鉛筆を置いて回っていました。新聞の折り込みちらしで裏が白いものを四等分して、キリで一か所に穴を開け、ひもを通し、使い古しの鉛筆を結びつけておくのです。

幼かった私も祖母によく付いて回っていましたが、一週間後にはどの公衆電話でも祖母の作ったメモ帳はなくなっていました。電話をかけた人がメモに使ったのか、家に持ち帰ったのかはわかりません。でも、だれかのために役立っていたことは確かです。

子供のころを思い出し、懐かしい気持ちで、私も机の上のメモ用紙を使わせてもらいました。』

善行

近頃は新聞紙の中に、とても多くの挟み込み広告が入って来る。入用な物など殆どないが、その裏の白紙は使える。これをメモ用紙に使うことはとても良いし、ちびた鉛筆の活用もよい。それを根気よく、しかも見知らぬ人に使ってもらう「善行」はすばらしいことだ。小さな目立たぬ善は、大きく育って、人々に伝えられ、自分にも家族にも善果として返ってくるものである。

コトバは神であり、「神の国」には大も小もない。だから小さな善行でもコトバでも、大きな善報善果となるものである。神は命《いのち》であり、それはまた小さなコトバでもある。

同日の同新聞に、埼玉県日高市の中学生、三津石典子さん（14）のこんな投書も載っていた。

『部屋の片づけをしてると、引き出しから一本のカセットテープが出てきた。「ご出産おめでとうございます」の文字がある。聞いてみると、やがてかすかな音が聞こえてきた。耳を澄ますと、それは赤ちゃんの産声だった。

母に尋ねると、これは私の産声だという。母の感動の声の中で、生まれたばかりの私が一生懸命泣き叫んでいた。病院の方が録音したという短いテープだったが、私は聞いているうちに、涙が出そうになった。こうして今、生きているのも、この瞬間があったからなんだと思った。

命というものを改めて考えた。インターネットなどで知り合った若者が集団で自殺する事件が相次いでいるが、命の大切さを忘れているからなのではないだろうか。命の尊さを思い出してほしい。』

カセットテープから自分の産声を聞いたと言うのだ。こんな経験をした人も珍しいだろうが、その悦びもひとしおだろう。それも病院の人が録音して下さったという。お産は病気ではなく、健康な女性の尊いお勤めである。それを嫌って、「産むか産まないかを決めるのは女性の権利だ」などと言う人もいるが、出産は女性だけでは出来ない。夫婦が揃っていて始めて出来ることだろう。あるいはまだ夫婦にならない男女でも、愛情があり、それが本物であれば、我が子を持ちたいとも思う。

だからこそ、赤ちゃんの生まれた時の第一声は、悦びと祝福の声だ。そのコトバを録音しておくのは、名案だとおもう。それを進んでしてくれたこの病院は「善業」を積んだのである。こうしてすべての人はこの世に生まれて、多くのことを学ぶものだ。

「命の尊さ」

をであり、やがてその命が「永遠であること」を学ぶようになる。しかし物質界には永遠なるものは何もない。折角生まれたこの肉体すら、やがて死ぬことをもまなぶ。「諸行無常」であり「諸法無我」。しかし「本当のイノチ」は生き通しである。無限のイノチ、これこそ「神の命」であり「われ神の子なり」の自覚である。その第一声が産声だ。この言葉が聞けたと言うことは、とても有り難いことで、きっとこの典子さんは、素晴らしい〝人生大学〟の〝優等生〟になられることだろう。


*『声字即実相の神示』＝谷口雅春先生が昭和七年に霊感を得て書かれた言葉。この神示の全文は『新編 聖光録』『御守護 神示集』（いずれも日本教文社刊）等に収録されている。

＊『日本の実相顕現の神示』＝谷口雅春先生が昭和二十年に霊感を得て書かれた言葉。この神示の全文は『新編 聖光録』『御守護 神示集』（いずれも日本教文社刊）等に収録されている。

2　全てが教えてくれる

説明書

かつてある百貨店で、国際中古カメラ・即売会のようなものが開かれたので、見にいった。すると中古カメラのボディで、買いたいものが見つかった。四万円以内だったので、買って帰ったが、〝説明書〟がないから使い方が分からない。係りの人から一応の説明は聞いたが、詳しい事が分からないから、それに合う手持ちのレンズを着けて、いいかげんに使った。

そのために、ほとんどデジタル化されたそのボディで撮ったフジクロームのフィルムは、前半分の露出が巧くいかなかった。しかし後半は巧くいった。と言うのは、買ったとき頼んで置いた〝説明書〟が届けられたからである。

どんなに優れた機械でも、その使い方が間違っていたり、分からなかったりすると、巧く使えない。デジタル化されてくると、やたらに押すボタンや回す所が増えて、説明書がないと巧く機能しないものである。

機能しないと言うのは、その能力がないのではなくて、「あるのに隠れている」と言うことだ。すると一見、無いように見える。人の肉体も、人間の使う道具であり機械だから、使い方が分からない幼児期には、父や母が教えてあげる必要がある。それが不十分だと、マナーや挨拶の欠けた人間に成長してしまうのである。

父母や先生などが一応その〝説明書〟の役割を果してくれる。しかし肉体の場合は、外見的な異常が見つかる場合もある。それでも肉体には「自然治癒力」があるので、それを活用して、あらゆる病気や怪我を癒すことが出来るのは、まことに有り難いと言わなければならない。これは人や動物の〝命の特権〟なのである。

しかしこの「治癒力」も、それを認めて引き出すことが必要であり、心で「認める」ということがないと、いくらあっても現れて来ないものだ。

ところが生長の家では、「人間は神の子だ」と説き、「神は無限の智慧、愛、供給、大調和の世界のみの創造者」、悪や罪や戦争や争いは無いのであると言う。この「唯一絶対神」を認め、信ずる人には、内在の「自然治癒力」も、ごく自然に現れてくるのである。

例えば平成十五年五月二十四日に、総本山の団体参拝練成会で、福岡県行橋市南大橋区に住んでおられるM子さん（匿名ご希望）がこんな体験を話して下さったことがある。

切迫流産

彼女は今から二十四年くらい前のこと、まだ長男さんがおなかに居る時、転んで流産しそうになった。病院の医師は、「赤ちゃんは又うまれるから、先ず母体をキチンとしましょう」と言ったが、M子さんは「とにかく安静にしていますから」と言って、しばらく自宅で寝た切りの生活を送った。

そんなM子さんを見て、ご主人のTさんは、心配のあまり胃を悪くしたらしい。会社からの帰りには、いつも病院に通っていた。そのような姿を見て、一人の看護婦さんがTさんに、「あなた、どうされましたか」と声をかけた。そこでTさんが「実は……」と事情を話したところ、その看護婦さんが生長の家の〝普及誌〟を持ってきて下さり、M子さんに手渡して、

「大丈夫ですよ。子供を育てられない人には、神さまが赤ちゃんを授けては下さいませ

んから」

と話して下さったのである。しかしM子さんは一歳の時から小児麻痺にかかり、〝障害児〟になっていた。だから流産しかかった時も、「自分が果して育てられるだろうか」とか「この子がもしも五体満足でなかったら私の責任だから、橋の欄干から子供を抱いて飛び込んで死のう。夫はまた新しい奥さんをもらえばいい……」と思っていた。でもその看護婦さんの「大丈夫ですよ」の力強い一言で、M子さんはこの急場《きゆうば》を乗り切ることが出来たのであった。

それから引っ越しなどをして、十七年間の空白が流れた。しかしそのころM子さんは再び子育てのことで悩み出し、再度病院で世話になった女性に電話をかけて相談をしたのである。すると、

「あなたには母親教室があってると思うから、今から生長の家の勉強をしてごらんなさい」

と教えて下さった。以来M子さんは生長の家のお話を聞きに行ったりしたが、頭の中では理解できるけれども、実際の生活では中なかうまく行なえない。しかしそうこうしているうちに、平成十年の三月に、ご主人のTさんが突然脳梗塞で倒れてしまった。意識不明で、救急車で病院に運ばれたが、車の中で救急隊員の人がM子さんに「とにかく

ご主人に呼びかけなさい」と言うので、一心不乱でTさんに呼びかけた。

やっとのこと病院に着き、医師からは「延命治療をしましょう」と言うので手術をされ、誌友さんたちも色々祈って下さったのである。おかげでTさんは順調に回復したのは、適切な医療と共にTさんの「自然治癒力」が大いに働いてくれたからであろう。

しかししばらくの間後遺症が残った。けれどもその年の十一月には、会社に復帰できるまでに回復された。M子さんは、よかったなと思い一安心した。けれどもその二年後に、それまでSデパートに勤めておられたご主人は、そのデパートのリストラや支店の閉鎖などで、失業してしまったのである。

失業は卒業

M子さんは、「あぁ、もうこれで自分はダメだ……」と、心が沈む気持を、どうすることも出来なかった。

「谷口雅春先生は、四方八方ふさがっていても、天は空いていますよと教えて下さっていますけれど、今の私は天も空いていません。どこにも出口がありません」

と、呼びかけた。しかしその時、机の上の一冊の『理想世界』*という普及誌が目にとまったのである。フト開いた所が「質問コーナー」で、そこに長田講師の「失業は卒業ですよ」という話が書いてあった。そのコトバがドカンと彼女の胸に飛び込んだ。そして、「あぁ、主人は卒業したんだ。まだ脳梗塞の後遺症が残っていたのに、毎日通勤を一時間半もして、よくがんばっておられた。そのご主人が卒業したんだから、ともかくお祝いをしよう」

と心に決めたのである。そして今まで会社の方《かた》や色んな人にも助けて頂いた、ありがとうございますという感謝の思いで、お礼の葉書を出した。そして実家の両親の所や心配して下さった人の所にも、お祝いの鯛を持って行ったりしてお礼を言った。すると皆さんはキョトンとしておられる。お赤飯もたいて、ご主人と共に挨拶に行ったからである。

このようにして「失業は卒業である」というコトバを、心から実行される行動は、彼女が真実の信仰者であり、愛行者だったと言うことが出来るであろう。そして最後には「親戚を招いてお祝いをしよう」ということになったのだ。すると親戚からは、

「あなたの家から招待されても、のどに物がつまったようで、何も食べられません」

と言われたり、

「顔を見るのもつらいから、今は会いたくない」

などと言われたりした。けれどもそれをM子さんは説得して、皆さんに集まって頂いた。すると当日皆さん方も、お祝いの品などを持参され、

「今までよくガンバったね」

と言って乾杯して下さったということである。こうして多くの人びとに感謝し、お祝いのコトバをのべ明るい心で「先ず与える」ことをやっておられると、やがて「心の法則」によって「与え返される」ものだ。ある日、思い掛けない所からTさんに、「もしよかったら、僕たちと共に働きませんか」という声がかかった。

その声を聞いて、M子さんもTさんも、一瞬時間が停まったように感動した。こうしてTさんは面接をうけたり、色々のことがあって、失業してから二ヵ月後の四月一日から、再就職することが出来、ある病院の職員となられたのである。以来M子さんは生長の家の行事や活動に出来るだけ沢山参加したということだ。

夫婦の価値観

こうして明るい「光のコトバ」に包まれているうちに、家庭のなかに、「有り難いな、嬉しいな」と言う空気が甦ってきた。良かったなと思って振り返ってみると、こんな事

に気がついた。彼女はTさんと出会って半年後に結婚した。その頃は夫をすごく尊敬していた。でも結婚してからは、お互いの価値観が全く違うことに気がつき、〝こんな筈ではなかったのに〟、と思うことが沢山出てきたのである。

とくに子育てのことで、考え方が全く違っていたのが、とても辛かった。しかし生長の家を深く知ってからは、夫の価値観の方が正しくて、自分の方が間違っていたと気づいた。彼女は両親や夫や子供の有り難さが、本当には分かっていなかった。夫は子供の教育でも、「そのまま」を大事にして育てたら良いというが、M子さんは障害を持っている自分の影を少しでも子供に負わせたくないと思い、「良い学校に行って、良い就職をして、良いお嫁さんを貰う」のが子供の幸せだ、と思い込んでいたのである。

彼女は「そのままの心」が「神の子・人間」の本質であるとは思わず、その「そのままの心」よりも「現象的な価値観」に捉えられていたようだ。しかしそれを深く反省されたと言うことは、まことに素晴らしいことであった。これはまさに、精神的な「自然治癒」が働いてきたと言うこともできるだろう。それはまた「心の法則」と言う「観世音菩薩」のお働きと言う事もできるのである。

その端的な働きは、Tさんの「失業」を「卒業」と素直に受け取って、まず「お祝い」をして、親戚知人に「ごちそう」までしたという〝常識を超越〟した「そのまま」を行じたところに、「与え返される」結果が生まれ、さらに反省が進んだと言うことである。この「与える」という行為は、なにも物質を与えるとはかぎらない。深切や愛念や好意だけでも「与える」ことの素晴らしさが、ある時間を経て現実化するのである。

才能がある

近頃は手書きの手紙や、文章が少なくなり、パソコンや携帯電話のやり取りがふえてきたが、平成十五年五月二十九日の『産経新聞』に、横浜市戸塚区に住む警備員・林雄毅さん(25)の、次のような投書が載っていた。

『仕事の関係上、受付の仕事をすることが多い。先日、茶髪の二十歳ぐらいの作業員がやってきた。面会用紙に氏名や会社名を記入してもらったところ、美しく見事な書体に驚いた。私が思わず「きれいな字ですね」と言うと、彼は「小さいときから字は丁寧に書こうと心掛けているんです」と明るく答えた。

服装や髪形で個性を表出する人が老若を問わず多く見られる。それもまた結構だ。その中で、彼の堂々たる美しき字こそ、素晴らしくも誇るべき個性であり、彼自身の培った財産である、とさえ思ったものである。

国語教育の復権を望む声が高まっており、私も共鳴しているが、そこで一案。名文なり名詩なりを、丁寧な文字で書く教育というものを授業の一環として行ってみたら面白いのではないか、と考えた次第である。（横浜市戸塚区）』

このようにどんな人にも、どこかに優れた長所や能力があるものだ。それをみとめ伸ばして行くとき、さらにその他のかくれた能力や美点が引き出されてくる。その訳は、「人は皆、神の子・無限力」だからである。その力が内在しているからこそ、あらゆる「自然治癒」も、「神癒」も可能となるのだ。そこで失敗も敗北も、すべてが何かとても大切なことを教えてくれる〝人生課題〟だと言うことが出来るだろう。さらに又、平成十五年六月十四日の『讀賣新聞』〝編集手帳〟には、次のような文章があった。

グレゴリー・ペック

『ローマを訪問中の某国王女が身の窮屈に音を上げ、こっそり街へ逃げ出した。道で寝入ったのを新聞記者が助け、やむなくアパートに連れ帰る。王女が目を覚まし、「ここはエレベーターですか」「ぼくの家だ」◆映画「ローマの休日」にあこがれて、この道を選んだ先輩記者は少なくない。映画のうち実現したのはエレベーター並みに狭い家だけだと感慨深げに語る人もいて、世紀の名画は少々、罪つくりでもある◆飾らない人間の品格――グレゴリー・ペックさんの演じた新聞記者に、それだけの魅力があったのだろう。きのう訃報《ふほう》が届いた。八十七歳という』

　この「ローマの休日」というアメリカ映画は、昔私も見たことがある。印象深い映画だった。グレゴリー・ペック（Gregory Peck）氏の若い頃から晩年に到る姿も、平成十五年六月十二日に八十七歳で亡くなった日のテレビ・ニュース（ＡＢＣやＣＮＮ）で見た。数多くの賞を貰ったすぐれた俳優だったようだ。さらに続いて〝編集手帳〟にはこう書いてある。

『◆「アラバマ物語」では、保守的な南部の町で黒人の被告人に尽くす弁護士を好演した。無実を立証したにもかかわらず、白人の陪審員たちが下した有罪の評決の前に敗れ去る、にがい役どころである◆肩を落として法廷から出ていくペック弁護士を、大勢の黒人の傍聴者が全員起立して見送る。敗れたが、ありがとう…。無言のうちに万感を伝える一こまが印象的だった◆「ローマの休日」の恋人たちはやがて、王女と記者に戻る。ローマを離れる王女の記者会見が終わり、ひとり残ったペック記者が会見場を去っていく幕切れを、ご記憶の方も多いだろう。映画で、人生で、去りゆく姿が何ごとかを語りかけた人である。』

「アラバマ物語」もアメリカ南部の町の裁判所で、黒人の被告人を弁護した白人弁護士を演じて、敗北し去って行った彼を、黒人の傍聴者たちが全員起立して見送る〝感動的な場面〟であった。

恋が破れ、弁護に敗《やぶ》れても、「心の世界」「真実の世界」では高く評価され、魂的に進歩向上しているのである。特に弁護士としての彼の、長いセリフと力強い演技が見事だった。こうしたドラマが人の心を打つのは、そこに〝真理〟が語られているからだ。外面的な敗北などは問題ではない。だから「心の法則」では必ず「与える者は与え返される」し、「助ける者は助けられる」のである。

優しいまなざし

さらに又次のような実例もある。これはドラマではなく、現実の物語であるが、平成十五年六月十一日の『讀賣新聞』に、美和《みわ》ロック会長の和氣清靖《わけきよやす》氏の文章として、このように書かれていた。

『私が亡父の発明した錠前を世に問うべく、西新橋の裏通りに小さな販売会社を立ち上げたのは昭和三十二年四月である。中古のルノーを走らせて、そろそろ建ち始めた公団住宅に錠前の説明に回り、帰ってくると表通りの「杉本」という洋服屋さんの前に車を置いたものだった。

恐る恐る店の中をのぞくと、中年の優しいまなざしをした店主が、にっこり笑ってこちらを見ている。何とも心苦しいのだが、創業間もない私には、服をあつらえる余裕などとてもない。結局、昭和三十七年に港区芝の現在地に社屋を建てるまでの五年近く、この場所が空いていれば車を止め続けたのである。

事業が軌道に乗ると早速、私は「杉本」を訪ね、今度は扉を開けて中へ入った。久し振りに私を見た店主は、一瞬怪訝《けげん》な顔をしたが、私が会社の業績に一応自信が持てるようになったので、社屋を新築して移転したことを告げ、長いこと玄関先に車を駐車しながら一着の服も作らず、申し訳なく思っていた、とわびると、心からうれしそうな笑顔で、「それは良かった。おめでとう」と祝ってくれた。「これから生涯私の服を作ってもらいますよ」と言うと、おじさんは黙って手を差し出し、私たちはしっかり握手をした。

あれから四十六年。作った服は百着を超える。おじさんは九十歳を超えて亡くなり、今は息子の代だが、身体が不自由になってからも、私が来たと聞くと杖《つえ》にすがって奥から出てきて、うれしそうに私の手を握った。温かく分厚い手のひらだった。世の中がどんなに進歩しようと、人情だけは変わってほしくない。神様があと何年余命を下さるか分からないが、これからも約束通り、私の服は「杉本」で頼むことに決めている。』

　現代社会は法律や条例で厳しく制約され、駐車違反の車などいくらでも見つかるようだ。しかしドライヴァーはどこかに駐車する空間があると、とても助かる。和氣さんは杉本という洋服屋の主人公の「やさしいまなざし」と「にっこり笑っておられる顔」とを見て、別に駐車の約束もせずに、〝暗黙の了解〟を得たつもりで、杉本家の店の前に駐車をし続けたのであろう。

　こうして五年後に、あらためて「お礼」に行って、杉本さんのご厚意に感謝し、握手した。そして「必ずこれからはお宅で洋服を作る」と約束し、以来四十六年間で百着以上も杉本製の洋服を作ったというから、その金額もさることながら、その〝報恩感謝〟の気持は、まことに尊いものである。

観世音菩薩

こうして「与えた深切」は、やがてそのお返しが何らかの形で「与え返される」ものだ。これが「心の法則」であり、「業の法則」である。しかもそれこそが「観世音菩薩」のお働きである。

「観世音菩薩は尽十方無礙光如来の大慈悲の顕現にてありたまう。それゆえに尽十方に満ちたまうのである」

と『聖経版 真理の吟唱』*（四六頁）には書かれてある。しかもこの杉本さんの実例で明らかなように、何はなくても「やさしいまなざし」と「にっこり笑う顔」とは、誰でもが持ち合わせている「宝物」だ。これを進んで人様に与えることは、どんな人でも出来ない筈はない。不可能と思うのは、「人間・神の子・みんな良い人・ありがとう」を知らないからである。だから無限供給をうける根本は、「神の子・人間」の信仰に入るのが一番の近道だ。そしてその真理を伝えることが、さらに最もふさわしい「観世音菩薩の大道」を歩むことである。

私の今住んでいる渋谷区原宿の公舎は、今から三十年ぐらい前、多分昭和四十七年ごろ、近くの松村さんという大工さんに建ててもらった。今は、原宿附近にそのころ住んでいた大工さんも、左官屋さんも、植木屋さんも皆いなくなったが、松村さんたちは心をこめて二階建ての今のガッシリした公舎（当時は私邸）を建てて下さった。

当時一番有名だったのは〝堀《ほり》の錠《かぎ》〟と言って、その店のカギを、新築した各部屋のドアのハンドル、玄関のカギなどに使用してくれた。これらは今でもしっかりした役割を果していてくれている。しかしその後時代が移り変り、門の大きなカギはそのままだが、小門のカギなどは変化した。だから今毎日持って歩いているカギは別の店のカギだ。毎日、お世話になって、小門を開けたり閉めたりしている。

そのカギや本部別館のカギを見ると「ＭＩＷＡ」と刻印されているから、美和ロックさんのものに違いない。ありがたくて、しっかりとした立派なカギなのである。

＊『理想世界』＝生長の家の青年向け月刊誌。
＊『聖経版 真理の吟唱』＝谷口雅春著。霊感によって受けた真理の啓示を、朗読しやすいリズムを持った文体で書かれた〝真理を唱える文章〟集。（日本教文社刊）

3　美しい言葉を求めて

バベルの塔

言葉の大切さは、いくら強調してもよいほどである。そこで『聖経甘露の法雨』には
こう記されている。

『この全能なる神、
完全なる神の
「心」動き出でてコトバとなれば
一切の現象展開して万物成る。
万物はこれ神の心、
万物はこれ神のコトバ、

すべてはこれ霊、
すべてはこれ心、
物質にて成るもの一つもなし。』（「神」の項）

即ち全ての実在界、「神の国」は、神のコトバで造られたというのであって、そのことは旧約聖書の「創世記」第一章にも、

『神光《かみひかり》あれと言たまいければ光ありき　神光を善《よし》と観たまえり神光と暗《やみ》を分ちたまえり神光を晝《ひる》と名《なづ》け暗《やみ》を夜と名けたまえり夕《ゆう》あり朝ありき是首《これはじめ》の日なり』（三―五）

と書かれている所である。ただし神が光と暗、晝と夜とを分けられたように記されているが、これは神の国の光一元の話ではなく、その光が色いろと表現されるということを示したものであろう。何故なら神が善《よし》と観られない悪を、造り給うはずがないから、これらは当然現象界という〝仮相世界〟のことになるのである。

さらに又仏教では、この光一元の世界のことを「如《によ》」と言い、仏のことを「尽十方無《む》礙《げ》光如来《こうにょらい》」と称える。「如来」とは「如」（実在）より来生《らいしょう》するところの「仏さま」という意味である。つまり光が無限に充ちあふれているのが仏の世界なのである。

ところがこの創造神なる「神のコトバ」が、現象界では色いろと乱れてしまった。そ

のことが「創世記」第十一章には、〝ノアの洪水〟を逃《のが》れた子孫の物語として、こう書かれている。

『全地は一《ひとつ》の言語《ことば》一《ひとつ》の音《おん》のみなりき　茲《ここ》に人衆《ひとびと》東に移りてシナルの地に平野《ひらの》を得て其《そ》処《こ》に居住《すめ》り……』（一―二）

そして彼らはこう言った。かわらを作り、これをよく焼いて石のようにして、その瓦をしっくいの代りの石漆《ちゃん》にしよう。さらに町の中に塔を建て、その塔の頂きを天に届くようにしよう。そうすれば大いに有名になって、全地に散らばることがなく、一つにまとまって暮らせるだろうと。（三―四）

するとエホバ（「心の法則」、「業の法則」のこと）がこれを観て、もうこれを止めることは出来ないだろう。では仕方がないから彼らの言語《ことば》を混乱させ、互いにコトバが通じ合わないようにしようと言い、彼らを全地上に散らしてしまわれた。こうして彼らのコトバは通じ合わなくなり、町を作り、塔を建てることをやめたのである。そこでバベル（混乱）の塔はくずれ、人々のコトバもバラバラになり、全地上に散ってしまった（五―九）――というのである。

美しいコトバ

とにかくこのようにして、現象界では各国各民族のコトバがまちまちで、お互いに通じ合わなくなってしまったのは、まことに不便なことであった。その原因は、人間の作った塔で、天まで達しようという愚かな考え、つまり〝唯物論〟の不完全さ、傲慢さを否定している所であるが、これは大変大切な教えである。日本人は地球の表面約三万キロメートル以上のところをもう宇宙空間などと呼んでいる。二百キロメートル以上に〝宇宙衛星〟などを飛ばして、「宇宙」というコトバを使っているが、これは「宇宙」をあまりにも過小評価したものであり、〝バベルの塔的錯覚〟を与えるコトバ遣いだ。むしろ「スペース」と呼んだ方がより正確ではないだろうか。

何しろ地球の属する太陽系、その太陽系の属する〝銀河系宇宙〟だけにも、太陽と同じようなスター（恒星）が二千億個以上もあり、その内二百億以上のスターにも夫ぞれ太陽系と同じような惑星の群れが回っているというから、「天」ははるかに巨大であり、ブラック・ホールまで含んでいるから「見えない」世界である。

ところでバベルの（乱れた）コトバのことだが、その中でも難しい言葉とされているのが日本語である。しかし谷口大聖師*もしばしば説かれた如く、この日本語は母音と子音とがうまく組み合わさっていて、大変美しいのである。しかもその表記の方法はカタカナ、ひらがな、漢字、国字と入り混じっている。だから、外国人が使うにはなかなか面倒だろうと思われる。

けれどもその難しい日本語に勇敢に取りくんで、〝日本文学者〟として有名になった人にドナルド・キーン（Donald Keene）というアメリカ人がいる。彼は一九二二年にニューヨークで生れ、コロンビア大学、同大学院、ケンブリッジ大学、さらに一九五三年には京都大学大学院に留学し、コロンビア大学名誉教授になった人だ。このキーンさんがどうして日本文学者となったかというと、はじめは〝漢字〟に興味を持ったからであった。

彼の日本語のエッセイに『日本語の美』（中公文庫版）というのがあるが、その〝あとがき〟にこう書いてある――

『この本に収録されているエッセイは、私が日本語で書いたものばかりである。日本語で原稿を書くようになったのはもう四十年も前のことであるが、やはり長い原稿を書く場合、英語で書いた方が早い。ということで、日本で発表した単行本の多くは翻訳である。しかし、日本語でなければうまく表現できないテーマもある。例えば、「中央公論」の「今月の言葉」という巻頭言を書くようになった時、毎月果して適当な原稿の種を見付けられるだろうかという不安を感じたが、日本語の特徴について続けて書いていったら面白いかも知れないという着想が浮んだお蔭で、二十四回も無事に書けた。恐らく、初めから日本語で書かなかったら、執筆者であった私にとっても読者にとっても、全く面白くないものになったと思う。

これからも日本語の原稿を書き続けるつもりである。私にとっては日本語は外国語ではない。一九九三年八月三日』

日本語の美しさ

このようにしてキーン氏は勇敢に〝バベルの塔〟に挑戦して、日本語を話したり書いたり、日本文学を広く研究したりして、勲二等旭日重光章や、菊池寛賞、国際交流基金賞、読売文学賞、日本文学大賞、全米文芸評論家賞などをもらい、日本の古典文学や能や狂言についてもいろいろと論文を書いた。そして『日本語の美』の中の〝「逃亡」ともいえる生き方〟の章で、幼時の夢について書いてあるが、その夢は「どこかへ逃亡する夢」だったそうだ。

彼は小学校から高校を卒業するまで、いつも一番背の低い子供だった。『(前略) 授業等に全然苦労したことのない私は学友に尊敬されるように体育等で努力しようと思ったことがなかった。同級生等が私の貧弱な身体に隠されている真の価値を認めてくれなかったら、私をよりよく理解してくれる他国へ逃避しようと絶えず考えていた』(一六九頁)

このような逃亡は、今いる所が居たたまらないという逃亡ではなく、「もっと隠れた力を出したい」という強烈な意欲の表現で、それが結局彼の日本文学への研究へと導いたのだと言える。しかし幼いころの彼は、一番簡単な方法として「映画を見ること」に逃亡した。それも見ることから、近くの撮影所に行って、その門の辺をうろちょろしつつ、誰かが自分をスカウトしてくれないかと待っていた。が、誰も相手にしてくれず、叱る人もいなかったそうだ。

次に逃亡先を世界地図でさがし、インド洋のレユニオン島がよかろうと思ったという。(一七〇頁) そして、

『昭和三十八年、四十一歳になった私はいよいよレユニオン島に到着した』

というから、〝夢は実現する〟という現実である。しかし多くの場合、夢は多少変化して実現することが多い。また「逃亡」ばかりしていると、「逃亡先から逃亡する」という変なことにもなる。だから「夢を描く」という方が積極的でよい言い方である。

こうしてさらに彼の逃亡先は、「漢字であった」とある。

『大学一年生の時から中国人の留学生と親しくなり、逃亡の一つであることに初めは気がつかなかったが、彼に中国語を教えてくれるように頼んだのである。』（一七一頁）

キーンさんは漢字の画数の多いのや、変った形の漢字が珍しくてしかもありがたかったという。だから、わが国の〝どうしても漢字を使わねばならぬ人たち〟は、「珍しくてありがたい」と思うと、きっと日本文を読んだり、書いたりするのが楽しくなるだろう。さらにキーン氏はこう書いている。

『私が十七歳になるやいなやまた同じような戦争が始まり、西洋の思想が破産したのではないかと思い、孔子、老子、荘子の世界にも逃亡した。』（一七二頁）

ところがやがて太平洋戦争（大東亜戦争）が勃発して、キーンさんは米海軍の日本語学校に入学した。この件について私はすでに日米間の〝敵国語〟についての考え方の差異について書いたことがあった。当時日本は英語を〝敵性語〟として排斥し、使わせないようにした。しかしアメリカは日本語を積極的に研究し、海軍でも日本語学校を作って入学させ、日本語の分かる将校を作り出し、これらを使って日本の暗号の解読や、宣伝ビラの作成や、日本兵の捕虜の尋問、さらには占領地の対策に当てさせた。こうした物の考え方は、戦争のみならず一国の文化の盛衰にとっても重大な影響を与えるものである。

逃亡から逃亡へ

このようにしてキーンさんの漢字の知識は、正式に日本語学校に入学することによって、大いに役立った。

『日本語学校そのものは最高に楽しい学校であって、現在の私の友人のすべてはその時またはその後に出来た友人ばかりである……もともと海軍が私に日本語を覚えさせていたのは、敵軍の書類の翻訳や捕虜の尋問によって戦争に勝つためであったが、私はなるべく戦争という血腥いものを考えず、知識のための知識と思いたかった。これも明らかに一種の逃亡であったと思う』（一七二―三頁）

つまり彼の心には〝敵対意識〟はないに等しかったと言えるだろう。それが彼の日本語学習を加速させたことは間違いない。こうして日本語学校を卒業したキーン氏は早速真珠湾に派遣され、情報部に勤務した。しかも一週一日の休日を利用して、ハワイ大学で『源氏物語』を勉強したという。その後アッツ島の作戦に参加したが、敵前上陸する前の晩にも、平安朝の宮廷女官の日記を読んでいたし、さらにその後沖縄の戦闘に参加した時は、ラシーヌの『フェードル』を暗記しようとしたというから、大した文学好きの青年であった。

キーンさんは前記の『日本語の美』の中で、知人であった三島由紀夫や安部公房、司馬遼太郎のことなど書いておられるが、同じアメリカ人の駐日米大使であったライシャワー教授のことも書いている。キーンさんは一九四七年九月から翌年の五月まで、ハーバード大学の大学院でライシャワー教授の〝日本古文書〟の講義をうけ、食堂で一緒に昼飯を食べたりした。

《しかし、ライシャワー教授の授業は立派であった。あの年私の記憶では『今昔物語』と『保元物語』の抜粋を原文で読んだのだが、ライシャワー教授は講義を実によく準備していて、学生たちがテキストについて違った解釈を持ち出した場合は、充分考えた上で、その解釈を評価した。滅多にないことだったが、学生の解釈をより正しいと判断し

た時、喜んで採用した。私は「この人の学問はまだ成長している」と思い心からの好感を抱いた。》(九三頁)

その後一九五五年にキーン氏がコロンビア大学に就職したころのライシャワー教授は、アメリカ人の日本研究家として第一人者になっていた。そんな評判になったのは、一九五五年に発表した円仁についての二冊本の研究だったと思うとキーンさんは言う。ライシャワー教授はその後駐日大使として、日米親善に力を尽くされたが、時どきキーン氏も昼食に呼ばれた。そして一九六四年に、彼が招かれて行った時のやつれた姿の大使のことをこう書いておられる。

二つの国を愛した

『先ず大使御夫妻がいる応接間に案内された。大使は杖にすがって迎えに立った。数ヵ月前、精神病患者に襲われた後、近くの病院で輸血を受けたが、受けた血液が汚染されていたために、肝炎にかかったのだった。大使は輸血の後、「今は日本人の血が私の身体に流れている」というような冗談を言ったが、冗談だけではなかったのだろう。二つの国を愛していたライシャワー大使の血管に二つの国民の血が流れることは象徴的であった。或いはアメリカ大使らしく何処かのアメリカ軍病院で輸血を受ける余裕があったかも知れないが、その場合でも恐らくライシャワー大使は日本の病院を選んだだろう。が、結果として肝炎にかかり、そのため後年何回も入院して、しまいに肝炎が命をとった。（後略）』（九八頁）

このように、二つの国を愛し、二国のコトバを愛し、研究し、「美しい」と感ずる人もいるのである。そしてどんな被害にあっても、なお光を観、明るく生きる生き方があることを知らなければならない。つまりキーン氏もこのようなライシャワー教授の生き方をモデルとされたのであった。

《大使を辞めてからライシャワー教授はハーバード大学に戻り、六年ぶりで教鞭を取った。私は時々しか会わなかったが、会った時にはいつも日本がより正しく理解されるように何か新しい企画をすすめていた。私は五年ほど前に、三十年ぶりで円仁の研究を再読してから、どんなに感銘を受けたかという手紙を書き送った。残念ながら、それに対する返事は頂けなかったが、私のことを忘れているわけではなかった。その後、私の『日本文学史』近代・現代篇については、すばらしい推薦文を書いて下さった。

ライシャワー教授が亡くなったことを温泉ホテルのテレビで知った。その前の夜、隣の部屋で遅くまで大勢の人が騒いでいたので、睡眠不足で極めて不機嫌な気分で朝七時のニュースを見ると、死去を伝えるアナウンサーや悲しんでいるライシャワー夫人の姿が見えた。私も非常に悲しくなった。その時まで気がつかなかったが、ライシャワー教授も私もよく似た理想を抱いてきた。私は思わず知らずいろいろな面でライシャワー教授を真似するようなことがあったに違いない。尊敬する学者が亡くなると誰でも無性に淋しくなるが、私の場合、尊敬する学者としてだけではなく、生き方のモデルとしても大切な友人をなくしてしまったという強い実感があった。》（九八―九九頁）

美点を見ること

ライシャワー教授と共に、キーン氏も、日本語の美しさを見ることのみならず、いろいろな人の美点を見て、それをこの本の中でも讃美しておられる。例えば三島由紀夫さん、安部公房さんのこと、そして『源氏物語』や『枕草子』、能や狂言、さらにはピアニストの中村紘子さんのことも、次のように書いている。

『「天は二物を与えず」という日本の諺があるが、明らかに誤っている。とにかく、中村紘子さんの場合、二物どころか、天は幾物も与えたとしか考えられない。天は先ず美という「物」を与えた。（中略）天が中村さんに与えた二つ目の「物」は頭のよさであった……美人であることは間違いないが、ウイットもあって面白い話題を次から次へと展開する……天の三番目の「物」はおいしい料理を作る才能である……いつかお宅で極めておいしいインド料理を御馳走になったが、インドでもあれほどの料理を食べたことがない……最後に挙げる「物」は一番先に挙げておきたかった芸術的才能である（後略）』（一〇五―一〇七頁）

以上は主としてドナルド・キーン氏のことについて書いたが、「美点を観る」ということは、芸術家のみならず、全ての人びとにとって、極めて大切な心構えである。そしてこれが「生長の家」では教育のみならず、信仰の神髄にある「神の子・人間」の自覚によるのである。「神の子」の実相は、実に美点だらけであるからだ。それを如何にして仮の世界たる現象界の「舞台」の上に表現するかが、人生の眼目であり愛そのものである。

例えば平成十四年九月十一日の、あの米国における同時多発テロの一周忌に当たり、『讀賣新聞』の〝編集手帳〟には、次のように記されていた。

『時代劇の立ち回りで正義の主人公に斬《き》られる悪漢の多くは役名もなく、顔も満足には映らない。「斬る時には、だが、その連中にも子供や親兄弟がいると思って斬れ」…◆新国劇を創立した剣劇の風雲児、故・沢田正二郎はそう語ったという。芝居とはいえ人の命を絶つ苦しみ、哀《かな》しみがそこになければ、血なまぐさいだけで正義の心は伝わらない。殺陣の極意だろう◆どうしてイラク攻撃に共感の輪が広がらないのか。米国がしきりにいらだっては、首をひねっている。「殺陣の極意が欠けているように感じられるから…」というのも、ひとつの解答例には違いない◆テロ撲滅という正義のためとは分かる。空爆や地上戦によって市民が巻き添えになることへの、「斬る側」の痛みが伝わってこない。国際社会が米国に向ける不安のまなざしも要はそこに行き着くだろう◆第二の9・11を許すわけにはいかない。だが、剣を抜く前に越えねばならない「ならば」があるのも事実である。テロリストとの連携が確かならば、核兵器が開発途上にあるならば、軍事行動によってしかそれを阻止できないならば…◆「斬る側」の苦しみ、哀しみが胸にあり、それでもなお剣を取らざるを得ない切迫感を、確かな証拠をもってまず語ることである。米国は孤独な正義の剣士になってはなるまい。』

殺陣の極意

この記事の前半に書かれている沢田正二郎の〝殺陣の極意〟は面白い。芝居で殺される悪漢の役者は大勢いるが、名前も顔も知らされず、次つぎに舞台から去って行く。しかし彼らにも親兄弟があり妻や子もあるのだと思いながら斬れというのだ。その心が主人公の役者に風格をつけるし、共感を呼ぶ。

　これは私達が日常体験する全ての生物、動植物についても言えるだろう。全てが尊い神のいのちの現れだからである。私の住宅の玄関から門までの間の石段を降りて行くと、その石段のへりには土や植物や落葉がわざとそのままにしてある。だからこの石段を沢山の蟻が列を作って歩いていたりする。彼らもみないのちがあり、何かしら一所懸命で仕事をしているのだ。

　そう思うと、ふんづけて歩くわけには行かない。昨年の夏、一匹の蟬《せみ》が石段の上でバタバタと羽ばたいていた。見るとその蟬の片方の羽根がとれていた。そのためうまく飛べないのである。石畳の上にいたのでは、やがて死んでしまうだろうと思って、私は彼を側らの樹のくぼみに移してやった。そのため蟬はもうバタバタしなくなった。

　翌日この樹上で同じ蟬を見ようと思ったが、彼は石段の上に落ちて、死んでいた。その亡き骸を、蟻が集って、しきりに葬式（処理）していたのであった。自然界には、このような生と死との交錯がある。一見「死」は暗い陰惨な事件のようだが、それは仮相であって、丁度芝居の舞台で、殺陣の果てに、斬られて死んで行く役者がいるようなものだ。たとい家族のことを気遣われながら死んだような端役の役者さんでも、その舞台が終ると楽屋に入って、うまそうにどんぶり物でも食って、仲間と雑談している。決して死んではいない。そして次第にうまくなってゆき、やがて立派な役者に生長して行くであろう。

国家でも、その首脳者でも、独裁者であっても、死にはしない。その〝斬られ役〟を立派につとめるのも、この人生での貴重な「教訓」である。〝斬る主役〟も、沢正《さわしょう》さんのような愛の心で、美しく心をこめて斬ることがとても大切なつとめであると思うのである。

＊谷口大聖師＝谷口雅春先生。

4　失敗はナイということ

二ヵ国語の人

私は前章で、ドナルド・キーンというアメリカ人の書いた『日本語の美』について紹介した。外国人が本国の言葉以外の言語で論文を書くというのは中なか難しい作業だが、キーン氏はこれを見事にやりとげた。しかも日本文学の古典までも研究し、『日本語の美』を書いたのだが、その中でライシャワー教授の研究やそのすぐれた業績にも言及していたのである。

このE・O・ライシャワー氏（Edwin O Reischauer）も日本語や日本文学のすぐれた研究者で、駐日米国大使もつとめた人だが、私がキーン氏の本から紹介したのはそのごく一部であって、言い足りない所が沢山あった。そこで今回はもっと詳しくライシャワー氏のことについて述べてみたいと思う。彼はアメリカ人でありながら、日本人の心をとてもよく理解し、ほとんど日本人の心を持っていたと言ってもよいくらいの人だった。というのも彼は一九一〇年（明治四十三年）十月十五日に東京で生れた。父親が長老派キリスト教の宣教師として一九〇五年に来日したからである。それは丁度日露戦争後の講和条約がポーツマスで調印された直後だった。

ライシャワーさんが両親と共に住んでいたのは東京港区にあった明治学院キャンパス内の宣教師住宅で、安普請《やすぶしん》の家だったから、暖房設備などはなかった。風呂に入るのはアメリカ式に、土曜日の夜一回だけだったという。彼は次男で、兄と妹とがいた。彼の『ライシャワー自伝』徳岡孝夫訳（文藝春秋社版）にはこう書いてある。

『おハルさんとおキクさん（筆者注・お手伝いさんたち）は、私の人格と価値観の形成者として、明らかにわが幼年期の重要人物だった。幼い私は、よく台所に行って遊んだ。記憶に残る唯一の子守唄が「ねんねこ坊っちゃん」だから、当時すでに二カ国語を解していたことになる。それはいわばキッチン・ジャパニーズで、両親とともに何度も休暇で帰国するたびにかなり忘れ、学校に入るころの私は幼児語以外の日本語を知らなかった。

しかし、日本語は子供のころから英語と同じほど自然に、私の中に入った。いつのまにか平仮名や片仮名を覚え、市電の行先表示板などから少しずつ漢字も仕入れた……もっと大切なのは、おハルさんから吸収したサムライ的価値観である。彼女は「御一新」の波に乗り遅れた土佐藩の武士の娘で、教育を受けていなかったため私と同じように仮名しか読めず、やむなく女中になったが、働き者でサムライ的な誇りと強い意志力を備え、勇敢で正直で主人には全き忠節を尽くす立派な人だった』（二〇―二一頁）

子供の教育

このように言葉ばかりではなく、人格の全ての点で、幼児期の育ち方が、とても大きな人格形成に役立っているということができるのである。彼はまた、外国で育ったアメリカ人の子は、祖国生まれの子にくらべて、アメリカ国籍を強く自覚すると言うが、これは外国で生れ育った日本人の子でも、同じことが言えるようだ。それどころか、どんな人でも一度外国へ住んでみると、かえって日本人としての自覚が強く出てくるということも言えるだろう。

一方ライシャワーさんの教育の根本には、父親の信仰生活が内在しているのであり、これを抜きにして人格の形成は考えられない。全ての子供はみな母親の胎内で育ち、父母の行動や会話の中から、大切な人生そのものを学び取るからである。例えば平成十四年十月十四日の『産経新聞』には、こんな投書がのっていた。

『

灰原亀次　70（大阪市生野区）

公園で他人の子供を怒鳴りつけてしまった。弁当を食べているのに、八歳くらいの男の子が、足で砂をけりながらハトを追いかけ回す。砂ぼこりがひどい。

私はたまらず「食事しているのに砂ぼこり立てるな！　小さい動物にやさしくしろ！」と声を荒らげた。男の子は驚いて父母のもとへ逃げた。

私はなぜか涙が出そうになった。

ハトを追うのは子供にとっては遊びで、大人が目くじら立てることではないかもしれない。が、私は、ハトを足げにするような行為を、弱いものいじめをする子供の残酷な一面の象徴だと感じて、日ごろ抑えていた怒りが爆発したのだ。

「死ね」などと言葉の蛮行を振るういじめっ子を連想して、不登校、自殺など人生を狂わされた子供たちの心情を察し、悲痛な思いに駆られたのだ。実は、私もいじめられっ子だった。

いじめっ子の親に言いたい。わが子のしつけに性根を入れ、鉄は熱いうちに打て、わが身をつねれ、と。（年金生活者）』

ハトを追っぱらって遊ぶのは、その子が父や母から「弱いものをいじめるな」と教えられていないからである。子供は遊びの中から、色いろのことを学んでゆく。その遊び方を教えるのは父母であり、さらに家族であり、長じては各種の先生がたである。これらの人びとは、その行動というコトバで、子供たちに語りかけ、子供のものの考え方を方向づけるのである。同月同日同紙には、次のような原健彦67（長野県喬木村）のエッセー・コンテスト入選作ものっていた。

メッセージ

『還暦を超えて三年、病癒えた私は新聞配達の機会を得た。健康回復と、何よりも永年愛読している新聞の配達体験をしてみたかったからである。

春暁の起き抜けに、起伏の多い段丘をひた走り、一軒一軒、購読の朝刊紙を届けるのは、そんなに容易ではなかったが、朝明けの景観と爽快感《そうかい》は格別だった。それにスタッフの皆さんの声かけに励まされ、順調にスタートした。

そして一ヵ月。大雨の日。真新しい朝刊をぬらさないように配るのに一苦労した。雨の日も風の日も、いつも届けてくれた半世紀に及ぶ多くのスタッフのご苦労が身にしみながら配達を続けた。

すると、とある家で思いがけぬ場面に出合ったのである。

新聞受けの箱に、なんとビニール製の雨傘をかけて出迎えている！　箱には次のメッセージが寄せられていた。「いつも配達ありがとう」

一瞬、目の潤んだ私は大切な宝物を届けるように、そっと箱に納めた。手入れの行き届いた庭に、あじさいが奥ゆかしく開き始めていた。』

「いつも配達ありがとう」のメッセージを書いた家の人が、おそらく新聞受けの箱に雨傘をさして下さったのだろう。それは「新聞」そのものに雨傘を差しかけてくれたのだ。この投稿者も、還暦をすぎてから新聞配達をやり始めたというから、立派な人だ。人間の値打ちは、その給料の多寡《たか》や、地位名誉のたぐいではない。その人自身の「愛」や「感謝」の深さであり、その人の「行動」というコトバである。

さらに又ライシャワーさんの家系について、『ライシャワー自伝』にはこう書いてある。

『(前略) ライシャワーという私の姓は典型的なドイツ……私の最初の妻の両親に言わせ

ると「サワークラウトみたいにドイツ的」な名らしい。一族の出身は上オーストリア、ザルツブルクのすぐ東の美しい山と湖の地形の中にプロテスタントが小さく集まるザルツカンマーグート地方である。リンゴ園と中庭を持つ大きく四角い白壁の農家が点在する美しい一帯で、ライシャワーという姓はオーストリアではすでに絶えてしまったらしい。だが学生時代に彼の地に行った私は、エファディングの町に近いシャルテンという村のプロテスタント教会に、祖父母の洗礼記録があるのを確認した』（二四―二五頁）

その後彼の曾祖父マチアス・ライシャワーは一八五三年にオーストリアを離れ、家族と共にニューオーリンズからアメリカに渡り、イリノイ州の南部に移民した。そして彼の祖父はルパートと言い、その英語化したロバートという名を彼の兄につけたというのである。

この祖父は南北戦争で北軍に参加し、一八八八年に死去された。『幼くして親に死別したことは、父の物の考え方に大きい影響を与え、聖職を選ばせる動機になった』と書いている。そんなわけで、父オーガスト・カールはルーテル派の信仰が時代遅れと感じて、長老派教会に転じ、マコーミック神学大学を卒業して外国への宣教を志願し、第二志望の日本の明治学院に来ることになったのだ。

歴史的認識

　このように人は長い人生の途中で、第一志望ではなく、第二志望や第三志望に行くこともあるが、そんなことは大したことではない。平成十四年にノーベル化学賞をもらった田中耕一氏なども、第一志望のソニーに受からず、第二志望の島津製作所に入ったというし、何か実験を間違えたのが切っかけで、間違ったはずのその物質でノーベル賞をもらうことになったというではないか。だから人生はつねに「失敗は成功の母である」と教えてくれるのである。

　この事実は、個人的失敗のみならず、国家的にも当てはまる場合がある。だから〝失敗〟をいつまでも取り上げて、〝だからもう吾が国はダメなのだ〟などと信じたり、人や子供や生徒にそう教えたりすることは、この〝人生の機微《きび》〟を知らない者と言う外《ほか》はない。

　この点についてもライシャワー教授はその日本歴史の研究などを通じて貴重な意見を述べておられる。最近の日本は経済事情の悪化や政界の内情などをマスコミが〝暗い面〟ばかりを強調しすぎるので、東南アジア諸国からの評価も低下した。かっては〝ルック・イースト〟などといって、日本の発展を見習うべきだと言っていた国が、むしろ中国の発展を注目し出した様子だが、これはいささか正しい歴史認識を欠いているようだ。ライシャワー教授は『日本近代の新しい見方』という著書（講談社現代新書）の中で、「日本歴史に見られる三つの特徴」を詳しく述べておられる。

その特徴の一つとして、日本国民は、ものごとを学問的に表現するよりも、美術的、審美的に表現するほうに、より大きな関心と能力を示しているというのである。

『たとえば、文化の一大興隆期であった奈良時代をとってみても、建築や彫刻、絵画や詩、それからやや遅れて散文学など、審美的な分野では、まことに絢爛《けんらん》たるものがありましたが、一方、学問的な表現のほうは、これに比べていささか遜色があったように思われます……』（一八―一九頁）

と言い、中世の日本文化でも、最近百年の変革の時代でもその傾向があるという。さらに、英雄が少ないともいわれる。

『日本歴史を貫く、もう一つの永続的な文化の傾向として、強力な個人指導者よりも、むしろ集団的な指導形式に傾くということがあります。もっとも、日本史のなかには聖徳太子とか、源頼朝や豊臣秀吉などのような人物が見られることは事実ですが、しかし、ほかの諸国に見られる英雄的な指導者の数と比べれば、日本では、こうした人物は少ないようです。

日本の特徴となっている統治形式は英雄による支配ではなく、むしろ、奈良時代や平安時代に見られた権力の分散や、北条幕府の執権および連署や評定衆による政治形態、さらに江戸時代の幕府と藩に見られたような合議制なのです。また明治維新という、ある大きな改革の時代を振り返ってみても、多くのすぐれた指導者がいましたが、あらゆる権力をひとりで握った指導者は出ていませんし、もっと最近の軍国主義的な時期になっても、やはり、日本のヒトラーとかムッソリーニといえる指導者は現われていないのです。』（一九―二〇頁）

西欧と日本の類似

そしてライシャワー氏はこのような日本の傾向、即ち責任を分担し合うというやり方は、「まことに貴重な要素で、今後、文明がますます複雑になるにつれて、いっそう必要になる」とも附言している。さらに日本は一千年以上にわたって、高度の文明を国内だけで維持した地域で、外敵からも侵略されたりしなかった。そこでもし侵略されたりしたら滅んだかも知れない文化や制度が失われずにすんだと指摘するのである。こうして聖徳太子から菅原道真に到る三百年間に、高度に成熟した文明を持つ国となった。『この時代の日本の偉大な発展は、本来は、紀元前二、三世紀から紀元後の最初の一千年にわたって、世界の文明が全体としてたどった過程の一部分を成したものであると考えられます』(一三二頁)

と述べている。この期間に世界の文明は乾燥した樹木の少ない地域から、森林地帯に向かって広がった。地中海文明もそうだし、インド文明もインド北部西部から、南部や東部や東南アジアの密林地帯に広がった。中国文明も北部から南部の森林地帯、さらに朝鮮から日本まで伝わった。その間日本の指導者は中国文明を摂取しようとする決意が強く、隋と唐とに使節をときおり派遣した。

これとは反対にヨーロッパ北部の諸民族が地中海文明を摂取していった速度は、はるかに緩慢だった。そこで「封建制度」の問題に移るのだが、現在は「封建的」という言葉は悪いような意味に使われていて、非封建的、中央集権的かつ官僚的な制度までも「封建的」と言うが、ライシャワー氏はこれは間違いだというのである。即ち、『わたしの意味する「封建制度」とは、つぎのような政治的、社会的な制度なのです。すなわち、それは人間の社会的地位と機能が、主として土地との関係によって決定される制度で、その関係においては、個人の財産だけでなく、社会的な地位や政治的な機能までも、主として相続関係によって世襲され、さらに政治制度が、普通は領地を分け与えることによって生ずる個人的な忠誠関係のうえに成り立っている、といった制度なのです』（二六—二七頁）

そしてこの封建制度は中世ヨーロッパに栄えたが、「これにきわめて似かよった他の地域は、世界じゅうで実は日本だけなのです——つまり応仁の乱から織田信長の出現までの時期における日本の封建制度は、全盛期のヨーロッパ封建制度に、もっともよく似ています」と指摘している。しかし江戸時代の日本の安定した中央集権制度は、孤立した日本に独特のもので、ヨーロッパではごく一時的なものだったのである。このようにヨーロッパと日本が、互いに影響し合ったわけでもないのに、類似した封建制度があり、かつ日本の封建制度が永い間続いたという特徴が重要であるのだ。

封建制度の利点

即ち彼は「封建制度はまれな現象である」と言う。それは日本が孤立していたことがその理由であり、すでに古くなってしまった制度に、もっと長い間すがりついていていることができたからだが、この一見失敗と見える歴史的事実も、実はある種の利益を日本に与えたというのだ。

ではなぜ日本とヨーロッパに封建制度ができたのか。かつて日本は中央集権的制度を、唐から学び、ヨーロッパはローマに学んだ。又ヨーロッパはドイツの部族国家と戦士団から〝忠誠心〟を学び、日本は氏制度に由来した忠誠心であった。そしてこの封建制度が、日本やヨーロッパの近代化を速めたというのである。

『そこで、西洋の封建制度が、かつてもっとも完全に確立された西ヨーロッパに目を転じてみますと、いわゆる「近代化」という大きな変革が、知的な面や制度的な面、かつ技術的な面において起こっています。

また、ヨーロッパ以外に完全な封建制度を経験したもう一つの地域――すなわち日本――についてみますと、それが西洋の近代化の刺激に対して急速に反応して、大きな成功を収めることのできた、唯一の非西洋地域であることがわかります。近代化にともなって西洋が得た新たな力に対して、十九世紀のほかの非西洋地域が無関心であったり、挫折感に襲われたりしているなかで、ひとり日本だけは、すみやかに、しかも比較的容易に西洋のあとに続いて、近代の一大変革を達成したのです。』(三二頁)

その理由として、封建制度のもとでは、法律的な権利と義務が重視されたから、法的概念に適応する社会が発達した。さらに封建領主は、土地の所有と地租の徴収に専念したので、商人と製造業者は、専制的政権のもとよりも、大幅な活動と保障をうることができたので、さらに進んだ経済制度を生み出したように思われると主張する。

さらにこれらの商人や製造業者は政治権力から除外されたので、身分の栄達を図ろうとするよりは、〝目標志向的な倫理観〟、つまり商業や工業上の目的達成に努めるようになった。この倫理観が封建制度でつちかわれた強い義務感と責任感とにより「進取の気象に富んだ活動力と企業精神を生み出した」と主張する。しかしライシャワー氏はこれだけの理由によるとは言っていない。すこぶる謙虚に、「これらは、ただ単に問題の解明のしかたを二、三の例で暗示したにすぎません」とも附言しておられる。

しかも世界じゅうの驚異として、もっとも大きな意義をもつのが、過去百年間における日本の急速な近代化だという。従ってほかの非西洋諸国は日本こそが『成功と失敗の例を兼ね備えた絶好の「教科書」となるべきものです』(三五頁)と忠告しているのだ。

それともう一つ、とても大切な日本の発展の原因について、教育の普及と識字率、「文字の読み書き能力が高度に普及しており、教育に対する強い一般的な意欲があった点」

を指摘しておられる。これらの発展の諸要素を正しく読みとらず、もはや日本の「教科書」を離れようとしている考え方は、少しばかり見当違いだと言う指摘であろう。

失敗の教えるものは

しかしいくら「教育」や識字率が高くても、その「教育」の内容が問題だ。その根底が唯物論やマルクス主義に置かれていては、中国や北朝鮮の政府のように、非人権的政策となったり、言論統制となってしまうからである。日本軍国主義の失敗の一つは、「言論統制」に乗り出し、当時のマスコミも日本陸軍の考え方に同調し、ヒットラーやムッソリーニとの「三国同盟」に反対の論陣を張らなかった点にあった。つまり教育の根本にある哲学、さらには「真の宗教」の説く「神」「仏」のことを忘却したのであった。祭り事が政治の根本にあり、「神意を根本とすべし」という教育が欠落し、国益と称する領土的支配権や資源や物の獲得に重点を置いたのだ。こうして遂に米英との戦争に突入するという昭和十六年十二月八日以後の大失敗を犯したのであった。

何故〝大失敗〟かというと、当時の日本海軍は「米英と戦うようには作られていなかった」と、海軍首脳部が言及していた如く、石油その他の資源は主としてアメリカ等の海外石油産出国から輸入していたからである。しかも日本の中心者であらせられる天皇陛下の御心に背反していた。ただ昭和天皇は、当時の政府の民意に従われたのであり、その民意は誤った同盟思想や精神力の勝利論などのコトバによって左右されたものであった。

しかし全ての個人的及び国家的失敗は、必ず何らかの教訓を含んでいる。日本に続いた封建制度もそうだが、軍国主義的精神主義もそうだ。

結局敗戦した日本軍は連合軍に無条件降伏し、国民は散ざんな物資不足や食糧不足に悩まされたが、天皇陛下のご要請によるアメリカからの食糧援助などにより、あやうく危機を脱し、今日のような民主主義国となり、全ての面で立ち直ってきた。

それ故この第二次世界大戦からも、吾われは貴重な教訓を受けとった筈であるが、その教訓は「もう二度と戦争をするな」とか、「軍隊はいらない」と言った現象的（表面的）な教えではない。「戦争をするな」といっても、北朝鮮のような中央集権的独裁国では、強力な工作船を派遣して日本国の沿岸から国民を拉致して行くこともある。これをふせぐには、どうしてもある種の海軍力が必要である。

しかしそれ以上に大切なことは、愛と智慧の充満した「神の国」こそが「実在の世界」そのものであり、その神の国には「戦争も、疾病も、犯罪もナイ」という真理そのものである。「実相」はその通りであるが、現象的には、病院も必要だし、警察も、裁判所も、そして軍隊（自衛隊）も必要なのだという実相と現象との明確な判別心を養うことである。それを多くの人びとに伝える真実のコトバが全世界に響きわたることをこそ、最も必要とする現代及び近未来の世界だということができるであろう。

第3章　知恵と信仰について

1　失敗から成功へ

人生劇場

この人生では、行き詰ったり、失敗したりすることが幾らでもある。成功もあるが、失敗もある。あるように五感では感ずるが、本当に「実在」するのではない。ただ仮にアルように見えているだけだ。そうでないと、実在するものは消えないから、永久にその「失敗」は続くだろう。するともう取り返しが利かないことになるので、大変困るのである。

何故困るのかというと、人は皆「失敗を取り消したい」とか、「心機一転して、今度は成功しよう」と思うからだ。もし借金が嵩《かさ》んで会社が倒産したら、その失敗をいつまでも〝保存〟しておき、〝記念品〟として取って置きたいと思う人は、一人もいないだろう。そこで次の手段を考えるのは、「失敗はナイ」として、消してしまいたいからである。しかし〝失敗の記憶〟は無くなるのではない。記憶がなくなるのは、痴呆症にでもなれば、一応なくなるが、そんな失敗がいくらでも実在していて〝消えない〟となると、苦しくて仕方がないだろう。

ところが幸いにも、失敗も成功も、本当の「実在」ではなくて、「現象」という〝仮の姿〟である。それは丁度芝居やドラマの中の筋書きのようなもので、劇場へ行って見ると、手に汗を握るような殺人事件でも、幕が降りると、殺された人もなく、殺した殺人犯もいない――といったようなものだ。誰もが生きていて、楽屋では笑ったり、食事をしたりして、楽しく付き合うのである。

けれども皆、芝居の筋を忘れてはいない。「もっと上手に殺されたい」などと思って、実は楽しんでいるのだ。この現実人生も、「人生学校」とか「人生劇場」とか言われるように、芝居の舞台のようなもので、作者の心で作られる「仮相」なのであり「実相」即ち「実在」ではないのである。

このことが分かると、人びとはスッキリした人生を送ることが出来、ウソをついたり、誤魔化したりする必要がなく、とても明るく楽しい人生を送ることが出来るものである。

芝居と実在

平成十五年の十二月の十三日、イラク時間の夜八時半ごろ、サダム・フセインというイラクの元大統領が、小さな穴の中で発見され、米軍によって拘留された。このニュースは世界中の人びとを喜ばせたり悲しませたりしたが、これも「ドラマ」の一幕であって、フセインの独裁政治の失敗だったと言えるだろう。

同じような筋書きが日本の「忠臣蔵」にもあり、吉良上野介が炭小屋の中に隠れていたのを発見されて、殺された。そして討ち入りをした四十七士も、やがて切腹して果てた。この「人生ドラマ」は、あまりにもすばらしいというので、本物の芝居にも上演された。しかも毎年のように上演され続けているが、芝居の中の芝居であることに変りはない。

生長の家では、この「現象世界」を「実相世界」とハッキリ区別して、〝実相独在〟〝現象ナシ〟の教えを人びとに伝える愛行を実践している。もし神様や仏様がいらっしゃるなら、そういうお方が「罪人」や「悪人」を創造されるはずがないからだ。「実在」するのは、「神の子」「仏さま」のみであるという、〝唯神実相〟の信仰を、全世界の人びとに伝えようと努めているところなのである。

しかしこの世は、各人の心で作る「ドラマ」であるから、多くの人は、失敗もするし、そこから立派に立ち上がるのである。そしてこの体験から、色々な教訓を学び取る。それ故「人生劇場」は又「人生学校」とも呼ばれるのだ。例えば平成十五年十月二十六日に、総本山の「団体参拝練成会」で、こんな体験を話して下さった人がいた。

佐賀県有明町大字牛屋《うしや》に住んでおられる東島《ひがしじま》美智子さん（昭和二十九年一月生まれ）は、昭和五十二年の八月ごろ入信された。ご主人の和治《かずはる》さんは会社員であり、幸せなお暮しだった。ご両親が生長の家の地方講師*で、とても明るい家庭で、自宅でも誌友会をしていた。ところが平成十三年の四月に、この舅さんが亡くなられてからは、色いろな問題が起ってきたのである。中でも次男のHさんのことで、美智子さんはショックを受けた。

Hさんは平成十二年に高校を卒業すると、介護福祉《ふくし》の専門学校に入学し、一年の二学期までは、真面目に勉強していたが、いつの間にかバイトに熱が入り、学校をやめてしまったのである。平成十三年の十月には、そのバイトもやめ、久留米の町をブラブラ歩

いていた所を、

「うちの建設会社に入らないか」

と誘われた。そこでハイと答えて〝入社〟したところ、そこは暴力団の組で、その仕事はシンナーなどの売買だった。で彼はすぐにでも辞めたいと思い、何回も申し出たが、どうしてもやめさせないという。そのうちに平成十四年の成人式の日に、組から車と背広や靴など身に付けるもの全てを借りてきた。どこから見てもヤクザと分かる恰好になったので、そこで美智子さんが、

「背広だけは、お兄ちゃんのを借りて行きなさい」

と言ったが、結局成人式の写真には入れてもらえなかったということであった。

さそわれて……

成人式が終ると、彼は久留米に帰って行った。しかしその後、彼は、「このまま組にいたら、ヤバイことになるかも知れない」と助けを求めてやって来た。そこで東島さん夫婦は、どうにかして次男を助けたいと思い、フト総本山の長期錬成員のことを思いついた。これも祖父母の時から生長の家を信仰していたお蔭と言えるだろう。

幸い佐賀県にはかつて喜多登《きたのぼる》さんが教化部長*をしておられ、その息子さんの正道《まさみち》さんが総本山で職員として勤めておられた。そんな関係から、二月九日にHさんを総本山に連れて来て、当時の岡田総務に面接してもらった。その結果八ヵ月間長期練成員として、総本山で練成を受けることが出来たのである。

このような経緯《いきさつ》から美智子さんご夫婦も、一般練成会に出席し、母親練成会にも参加した。すると次男さんの変り様にビックリした。彼は暑い七月でも一心に献労*にはげみ、早朝行事を行い、家では正座などしたこともなかったが、長時間の講話にも立派な姿勢で聴聞しているようになった。その後は地許に戻り、近くのガソリン・スタンドで、立派に働いておられるという話であった。

さらに又美智子さんは、ご主人の和治さんが、三十四年間働いた職場を突然リストラで辞めたので、とても大きなショックを受けた。その後夫は家でブラブラしている。そのことで美智子さんはノイローゼになるくらい悩み苦しみ、

「早く次の仕事を探して来てよ」

とか言って、いささか不穏な空気になっていた。しかし朝晩の「神想観」の時、ご主人の実相を心に描き、「すばらしい職場が見つかりました。有難うございます」と思って

神様に全托し、「神様のみ心のままに動かせて頂きます」と祈っていると、次第に心が落ち着いて来た。やがて次の仕事（墓石の営業）が見つかり、とても充実した生活が送れるようになったということである。

このように一見不幸な出来事と見える現象が現れ、心が乱れても、すぐ反省して正しい信仰を取り戻し、正しい信仰生活を続けていると、やがて良好な結果が訪れて来ることは間違いないのである。しかもかえって全ての面でさらに進歩向上するということは、過去の歴史が明らかに教えてくれている現実だ。これを〝歴史の教訓〟などと言うが、「観世音菩薩」の御働きと言えるのである。

さらに又美智子さんは、こんな話もしておられた。平成十五年の六月は、長女の真由美さんの出産予定月だった。ところが三ヵ月も早く三月十日に〝超未熟児〟の女児が、帝王切開で産まれた。その体重は八百二十五グラムで、生まれた直後は真黒な状態で、このまま死ぬのではないかと思われたほどだった。でも四ヵ月半ほど入院し、懸命の処置や介護のお蔭で、退院時には三千四百グラムに成長し、何らの異状もなく、七月末に退院して以後順潮に育っているということだ。美智子さんは、

『これも生まれてからは〝神癒祈願〟*をおねがいし、生まれる前から「神の子」とし

て〝什一会員〟*に入れていたお蔭だと思います。私は今佐賀県で、支部長と地区連会長を拝命させて頂いておりますが、これからもこの御教えを有難く受け取り、地域の人達にもこの御教えを弘げて行きたいと思っております。有難うございます』

と話しておられたのである。

竜宮城の話

さらに東島美智子さんの体験発表に続いて、北海道深川市音江《おとえ》町内園《うちぞの》という所に住んでおられる木村亀太郎さん（昭和十二年十月生まれ）が、次のような話をされた。

亀太郎さんはその名前の如く、自分の名はご両親が「竜宮城」へご案内するように付けて下さった名前だろうとおっしゃっていた。浦島太郎が亀の背中にのせられて、「竜宮城」に行き、そこで長年月暮らしてから〝玉手箱〟をもらって帰郷した話は有名である。この「竜宮城」が「実相世界」であり、「神の国」であって、時間空間を超越した「実在界」であるということなのである。

全ての時間も空間も、現象界という有限の世界の「仮相」であって、影の世界だ。本当の実在界は、時間・空間の枠を超越しているから〝歳をとる〟ということもない。久

遠不滅の世界であり、生き通しのいのちの世界である。ところが浦島太郎は乙姫様から〝玉手箱〟を手渡され、

「これを開《あ》けてはいけません」

と言われていたのに、つい好奇心から開いてみると、不思議な白煙が立ち昇り、その煙にふれて忽《たちま》ち白髪の老人になってしまったというのが物語の筋だ。年齢を重ねて老人になるということは、現象界の出来事で、実相世界には、そんな「老衰も、死も、病もナイ」という真理を啓示する有名な話である。それ故、現象界での〝好奇心〟から、他人の内情を一いち調べ上げて、公表したり利己的な目的に使うということは、決して〝正義〟とか「言論の自由」とのみは言えないのである。

家庭生活

さて木村亀太郎さんは昭和三十八年に結婚された。奥さんは昭子《あき》さんという。その奥さんの実家が生長の家の信仰を持っておられたのが幸いで、結婚する前に亀太郎さんが昭子さんの家に行ってみると、生長の家の〝日訓〟*が掛かっていた。亀太郎さんはその言葉がとても気に入ったので、

「こんなお嬢さんと、結婚したいなぁ」

と思った。それまでも彼は色んな女性と面会していたが、どうも彼のハートにはピッタリしない様子だった。そこで亀太郎さんは、熱心に彼女と結婚をする努力をした。というのは彼は深川という市に住んでいたが、この市の音江町は旭川市と札幌市との間にある山の奥の田舎であって、都会育ちの彼女をそこへ迎えるには大変努力が要ったからだ。

しかし目出度く結婚してからの昭子さんは、素晴らしい家庭を作ってくれた。だが、しきりに「生長の家のお話を聞きに行きましょう」と勧める。そこで亀太郎さんもその誘いに乗り、生長の家のお話を聞きに行くようになった。するとやがて、「生長の家大好き」となってしまったのである。

そのうち、子供さんが三人生まれた。先ず長女が出来、長男と次男との三人である。丁度うまいぐあいに、三年に一人ずつ生まれた。そして昭子さんは「人間・神の子」の信仰で育てて下さり、しかも夫である亀太郎さんを尊敬してくれ、〝家庭調和〟に努めてくれた。

ところがそのうち亀太郎さんは生長の家の本を読んで行くうちに、

「そんなこと、生長の家には書いてないよ」

と、奥さんを批判するようなことも起ってきた。このような現象は、他でもよく見うけることだが、それは多くの場合不和の原因になる。相手の「良い点」を見ないで、理屈で非難するからだ。しかし理屈よりも、〝愛〟が大切だ。理屈も〝智慧〟ということになると、〝愛〟と表裏一体だから、大切な〝智慧〟と言えるが、多くの場合の理屈はそこにまで達していないから、局部的な理屈となるのである。

しかし亀太郎さんは、やがてその失敗に気付き、反省することが出来たから素晴らしい。そして子供がまだ奥さんのお腹にいる時や、だっこするような幼いころから、子供を連れて講習会*や誌友会に参加した。すると大変素晴らしい子供に成長し、上の娘さんは幼稚園の保母さんとなり、長男さんは、

「お母さん、僕は医者になって、お母さん達が病気にならないようにするよ」

と言う。幼い次男さんはお父さんが鉈《なた》で薪割《まきわ》りをしているのを見て、釘を打つマネをしている。亀太郎さんがそれを見て、

「お前は手先が器用だな。歯医者さんにでもなるか」

と言ったところ、そのコトバが彼の将来を決定することになった。長男は札幌の医科大学で消化器の中で胆嚢《たんのう》や膵臓を手術する外科医となり、次男は北大の歯学部で歯周病

の研究をし、長男と次男は二人とも博士号を得たということである。

コトバの力

このように「コトバの力」は偉大であり、実現する力を持っているが、それを素直に受け取ってくれる息子さん達は、いかに〝大調和の家庭〟で育ったかということを示していると言えるだろう。木村さんも息子さんが大学入試の時、「もう少し、別の大学もかけて受けてみてはどうか」と助言した。すると、

「お父さん、僕は〝神の子〟だ。思ったことは必ず実現すると習った。だから他の大学には受かっても行かない」

と断言して、目指した大学に挑戦した。しかし一回目は落ちたが、「お父さん、もう一年だけ予備校にやってくれ」と頼み、次の年には希望する大学に入学したということであった。合格した後には留年することもなく、六年間で本学を卒業し、その後続いて四年間の博士課程を経て、夫ぞれ博士になったのである。その間昭子さんは、ひたすら生長の家の生活に徹しておられて、〝無限供給〟を受け、学費のいる時には必ずその準備が出来たということであった。

一方亀太郎さん自身の仕事は、明るい光を届けるタングステンの仕事だ。日々『聖経』*を誦げているとき、『神は人間の光源《ひかりのみなもと》にして人間は神より出《い》でたる光なり』のところで「光の仕事こそ私に与えられた天職だ」と思い付き、この仕事を始めたという。人間が全てタングステンの仕事ばかりやり始めると困るが、深川では取締役・工場長となり、六十二歳でその会社をやめることになった。その後は「地球環境の問題」に取り組み、植林事業の方をやっておられるということであった。

とにかく家庭や企業の中で、中心的役割を果す人の「コトバの力」は偉大であり、又それだけの責任を伴うものである。

さらに最近は日本の重工業会社が、定員六十名くらいのジェット機を作る計画を立てているというニュースもあった。このようにして人類社会はどんどん新しい〝物作り〟を進めて行くが、これも「大きければ良し」とか「大は小を兼ねる」というだけのものではない。〝極小の技術〟が発達してこそ、大きな〝物作り〟も出来るのだ。これらの新しいジェット機も、小さな鋲打ちの技術から改良して、鋲が外部に出ないスベスベの機体を作って、機体の軽量化を計り、燃費を大幅に縮小した。天井を少し高くして、荷物棚も大きくした。このような些細な配慮もそれが積み重なると、立派な製品や作品につながるのである。

小さなことにも真心を

それ故一見小事と見える事がおろそかにされると、高価で華やかな製品が大きな失敗を招くことにもなる。例えば平成十五年十一月末に、日本が打ち上げたロケットＨ２Ａ六号機が失敗した。この失敗の原因もどうやら些細な〝見落し〟や〝不注意〟からであったようだ。平成十五年十二月一日の『讀賣新聞』には、次のような記事が、解説図と共に載せられていた。

『打ち上げに失敗した大型ロケットＨ２Ａ六号機は、打ち上げ直後に固体ロケットブースター（大型補助ロケット）のノズル（噴射口）が破損、漏出した高温ガスによりブースターを分離させる導火線が断線した可能性が高いことがわかった。宇宙航空研究開発機構

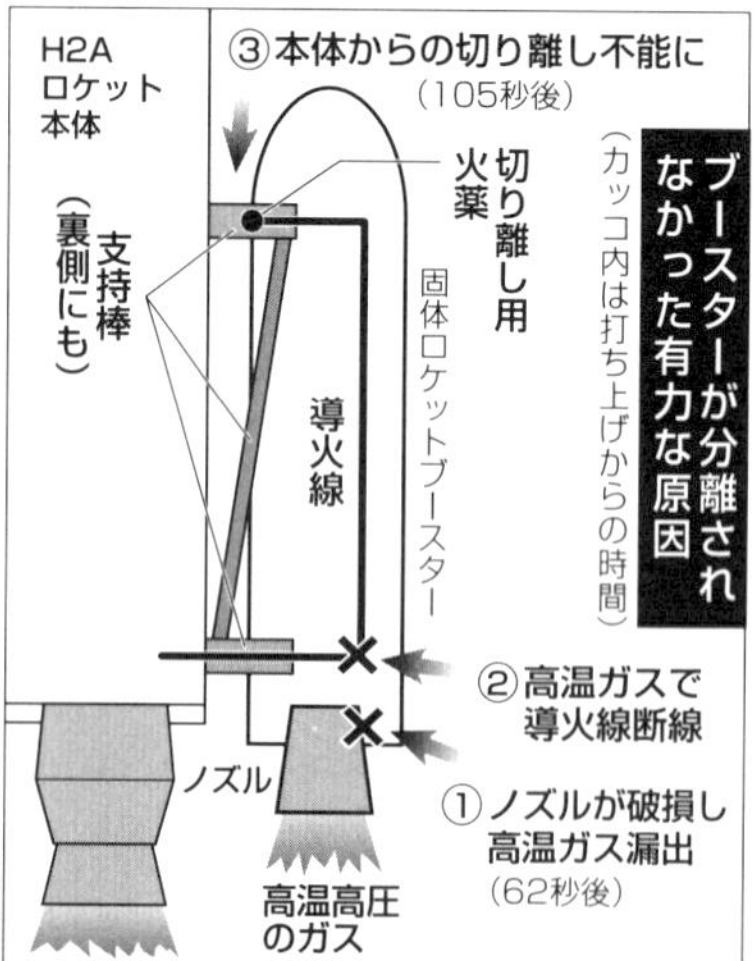

（宇宙機構＝ＪＡＸＡ）が三十日、文部科学省宇宙開発委員会調査部会に報告した。

六号機は、ブースターと第一段エンジンをつなぐ支持棒六本のうち二本がはずれなかったため、重いブースターを分離できず、予定の飛行経路を外れた。二本の支持棒内部には切り離し用の火薬が埋め込まれ、第一段エンジンからブースター底部を通って上まで延びる導火線によって爆発させる仕組みになっている。

宇宙機構がブースター底部にあるノズル外壁の温度の記録を調べたところ、通常は20度前後のはずなのに、発射六十二秒後に１２０度以上に上昇していた。ガスによってノズル付近を通る導火線が断線、分離を命じる信号が到達せず、二本の支持棒の火薬に着火しなかったとみられる。』

小さな部品の欠陥で、補助の固体ロケットを外す火薬に点火しなかったというような小事でも、決しておろそかにしてはならないという「貴重な教訓」と言えるであろう。これに反して、次のような「心のこもった配慮」もあるというのが日本人の〝良心〟であるから、この心を大いに発揮したいものだ。

『11月中旬、思いがけなく姉からの絵手紙が届きました。姉は73歳で体を悪くして入院中です。うまく話すこともできず、字を書くのもおぼつかないのに、かごに入ったたくさんの柿を上手に描いてありました。私の名前を漢字で書き、よく正確に覚えていたものだと涙があふれ出ました。

問題はそのあて先です。私は岐阜県可児市在住ですが、なんと郵便番号もなく、住所も「名護屋市〇〇町（字名は正確）」だけで大分から届いたのです。姉の名も住所もありません。絵の下に姉の名前のイモ判が押してあるだけ。名護屋市とあったことから、郵便局の方が名古屋市内や近郊の数ある字名からここを探して下さったのでしょう。

郵便局でボツにされていたら、私と姉の関係はどうなっていたでしょう。早速姉に返事を出しました。郵便局員さん、本当にありがとうございました。』

平成十五年十二月十七日、船橋玲子さん（67歳・岐阜県可児市）『毎日新聞』の投書より。

＊地方講師＝自ら発願して、生長の家の教えを居住都道府県で伝える、一定の資格を持ったボランティアの講師。
＊教化部長＝生長の家の各教区における布教、伝道の中心となる拠点の責任者。
＊献労＝清掃や、戸外での軽作業を行う、練成会での宗教行事の一つ。
＊神癒祈願＝神の癒しによって、問題が解決するように祈ってもらうこと。

＊什一会員＝生長の家の運動に共鳴し、献資をする人たちの集まりである「聖使命会」の会員の一種で、月額千円以上を奉納する会員。

＊〝日訓〟＝三十一日分の真理の言葉を揮毫した日めくり式のこよみ、「ひかりの言葉」のこと。（谷口清超監修、日本教文社刊）

＊講習会＝生長の家の総裁、副総裁が直接指導する「生長の家講習会」のこと。現在は、谷口雅宣生長の家副総裁、谷口純子白鳩会副総裁が直接ご指導に当たられている。

＊『聖経』＝『甘露の法雨』を始めとする生長の家のお経の総称。他に、『天使の言葉』『続々甘露の法雨』『聖使命菩薩讃偈』などがある。（日本教文社刊）

2　知恵と信仰について

カラスと残飯

私の住んでいる家は、本部の公舎になっていて、割合沢山の樹木がはえている。そのため多くのカラスがやってきて、朝早くから、カアカアとなき騒ぎ、うるさいことが多い。樹の上から糞をして、人の着物を汚すこともある。雉鳩《きじばと》や雀たちも来るが、それをおっぱらったりもする。時には庭にやってくる野良猫とけんかして、面白い光景を見せてくれることもある。

納屋の屋根の上で、カラスが隠しておいた餌を、猫が来てとるので、喧嘩になるのである。

しかしとにかく、頭がよいようで、私たちの顔も憶えていて、石段を下りて行っても、飛び立たずに、少し道を譲ってくれるだけだ。別の洋服に着がえていても、カラスは同じ行動をとるから、人の「顔」を憶えているにちがいない。その上体形も大きいから、都市鳥の中では〝王様〟のような立場を獲得したようである。

ただ困るのは、人間の残した残飯などを食い散らして、街を汚すことだ。ゴミ袋を喰い千切って、残飯をたべるが、これに協力するホームレス氏もいるらしい。こうした朝の時間も、決まっていて、大体八時頃までだ。そこでカラスたちの智慧は果してどの程度かと思っていたところ、唐沢孝一さんの書かれた『カラスはどれほど賢いか』と言う「中公新書」が見つかった。唐沢さんは「都市鳥研究会」の主宰者で、文部大臣奨励賞などを受賞された方である。

この本によると、東京都でのカラスたちの夜の集団塒《ねぐら》は、主に明治神宮と自然教育園と豊島岡墓地だと言う。そこから毎朝、銀座五丁目から八丁目などに餌をあさりに飛んでくる。冬季では日の出前の六時ごろだそうだ。

その他札幌市郊外や福岡市博多区中洲、仙台市の繁華街なども餌場らしい。ところが中洲や大阪や名古屋あたりにはあまりカラスが集まらない。それはゴミくずを深夜に集めたり、黒いゴミ袋に厳重に縛ったりする〝対策〟が良かったからのようだ。

ところがもう一つ重大な問題に、カラスたちの好む大きな塒があるかどうかである。それはカラスが夜沢山のグループが集まって、大きな森の中で眠る習性があるからだ。これも都市鳥となる以前の遺伝的習性らしいのである。

カラスと森

カラスが餌をあさりに行く時は、三羽とか、五、六羽、十羽などと、小さな家族的な群で飛んで行く。しかし夜ねる場合は、それらの小集団が集まって、大集団となって用心深く眠るのだ。『カラスはどれほど賢いか』という本にはこう書いてあった。

『ところで、都心に残る最大級の緑地といえば、なんと言っても皇居である。ところが、日中には多数のカラスの姿を見掛けるのにも関わらず、皇居内では少なくとも数百～数千羽といった集団塒は存在していない。同様に、都心の緑地として有名な日比谷公園や上野公園等でも集団塒は観察されていない。なぜ都心の緑地の中から明治神宮や自然教育園の緑地を塒として選定し、皇居や上野の森は選外となったのであろうか。

カラスの集団塒の場所は大緑地内ではあるが、緑地であればどこでもよいというわけではないらしい。自然教育園や明治神宮といった集団塒に共通した特徴としては、鬱蒼とした森林が存在し、なおかつ夜間の立入りが禁止されている点にある。上野の森や日比谷公園では緑地はあっても、昼夜にわたり樹木の下を人々が自由に歩くことが出来る。カラスは、自分の寝ている木の下をヒトという動物が徘徊するのを極端に警戒し、嫌うのである。実に用心深い鳥といえよう。』（二七頁）

都心の皇居にも都内では最も適した森があり、夜間の立ち入りは禁止されているが、そこが塒にならないのは、夜間警備員などが巡回するからだろうと、唐沢さんは想像しておられる。それくらいカラス達は「夜の静寂」を大切にしているのであるから、この点は人間も大いに学ばねばならないだろうと思う。それが昼間に活躍する動物の〝自然体〟だからである。

少なくともカラスには暴走族のような若者はいない。朝帰りの〝飲み助〟もいない。真っ黒なカラス達が夜の静寂にとけ込むと、まったく目立たない存在である。こうして彼らは何時の間にか、都市鳥の王様にのし上がった。しかも彼らは雑食性で、好き嫌いなく色々な物をたべる。動物でも植物でも食べる。交通事故で死んだ猫の死骸でもたべる。交差点の赤信号で停まったトラックの荷台の魚をねらう〝専門家〟もいるそうだ。

さらに彼らが集団塒から、銀座辺りの「餌場」に通う時、いつも森の多い地点を選んで通過する。その通路は、明治神宮から神宮外苑を通り、東宮御所といった森の多い処を通過して、上智大学から国立劇場から、さらに皇居、皇居外苑から有楽町、銀座へと飛んで行くと『カラスはどれほど賢いか』の二五頁に書いてある。

それは人間で言うと、市街地と言う危険な車道を通らず、安全な歩道（森のある地点）を通るようなものだ。つまりカラスたちは、夜も昼も、食事にも睡眠にも、〝安全第一〟の生活を送った結果、都市鳥の王座を獲得した。この点も人がカラスから教えられる所と言えるだろう。

子育てと縄張り

さて人間には三大欲望として、食欲、睡眠欲、性欲があるが、カラスの場合は子育てにどんな智慧を絞っているだろうか。

先ず繁殖期になると、一定の縄張りを確保しようとする。ハシボソガラスは「家族縄張り」を、ハシブトガラスは「つがいの縄張り」を形成すると、『カラスはどれほど賢いか』の一一一頁には書いてある。繁殖期は三月から六月までだ。そしてハシブトの都心での縄張りは、ほぼ一定の間隔があって、これは人間の家庭に似ているとも言えるだろう。しかも最近では、次第にその縄張りが狭くなってきているそうだから、これも人間に似ているようだ。

都心にはハシブトが多いが、ハシボソは田園地帯を好む。そしてハシブトは高層建築が森のように見えるらしく、その縄張りもコンパクト化して来ていると言う。人間の出すゴミの量が増えてきたせいもある。このようにカラスが人間と〝相似形〟であることが、カラスが都市に増えてきた原因だと言えるだろう。従ってこの関係から、カラスが人に何かを教えることも出来るのは、人がコンパクトの鏡で自分の顔を映して見るようなものである。

しかも都市の住民には、交通渋滞と言う難物があるが、カラスにはそれがない。彼らはまるで自由に空を飛ぶ「自家用飛行機」の所有者以上の贅沢な者である。なぜなら彼らには、ガソリン購入の心配もなく、税金納入の必要もなく、駐車場などは至る所にある「結構なご身分」だからだ。人間が彼らに学ぶとすれば、彼らが自前の「羽」で飛ぶように、我々も自前の「足」で歩くことだ。しかし彼らの方がはるかに速く目的地につくという利点がある。

ところが人間は、これらの欠点を克服すべく、智慧と愛と生命力を使って、カラス以上のことをやりだした。例えば飛行機に乗って、太平洋の向こうまでゆくというようなことは、カラスには出来ない。カラスのとまる大木や森は、人間でなら育てられる。しかも何百年もかけての仕事としてできるのだ。それは人間に「主体性」があり、「創造力」があるからだ。

さて次に「子育て」について、前述の唐沢さんの本には、こう書いてある。(一一四―一一五頁)

『カラスの繁殖の場合、多少の個体差はあるが、普通、三月中に造巣を終え、四月上旬ころに産卵する。一日一卵ずつ、四~五卵を産む。童謡ではカラスの子は七つであるが、実際にはそんなに多くはない。卵は緑青色の地色に褐色の斑点が散在している。

産卵後は、雌親によって約二〇日抱卵されて孵化する。孵化したばかりの雛は、羽毛は生えておらず、普通の小鳥の雛のようにピンク色をしている。しかし、数日後には皮膚は黒色に変化し、つぶれたゴムタイヤのような皺だらけでグロテスクな雛になる。羽毛の生えていない雛は体温維持が不十分なため、さらに二週間にわたり雌親が抱雛する。雛の巣立つのは孵化後、約一ヵ月である。しかし、巣からは巣立ってもおよそ二〇日くらいは家族群をつくって親鳥の保護のもとに生活し、その後、親の縄張りを出て若者衆からなる幼鳥群に仲間入りする。

このように、産卵されてから雛が一人前になって親の縄張りから出ていくまで、約二ヵ月半を要する。巣造りの時期も加えると、子育てには約三ヵ月以上を必要とする。従って、四月上旬に産卵が開始される標準家庭では、巣立ちは五月下旬、その後、六月中旬まで親子による家族生活が続くことになる。巣立った雛を守るために親カラスが人を襲ったりするトラブルは、雛が巣立つ五月下旬から六月中旬に集中している。』

火とカラス

こうしてカラスは人間と似た家族生活をするが、やがて子離れをする。しかしそれでも母鳥は子カラスが巧く飛び立つまで、ちかくの枝や建物から、見守っていて、時には攻撃してくる。人間のように、「子離れの出来ないカラス」はいないらしい。しかも時には、「火あそび」までやるそうだ。人間は火を作り、その火を利用して、暖をとったり、食物を煮炊きするが、他の動物は、却って火を恐れる。しかし唐沢さんの『カラスはどれほど賢いか』の中（一〇九―一一〇頁）にはこう書かれている。

『川口市に住む八六歳の土井為規氏からは、六十年以上前に見聞きした九州でのカラスの生態について詳細な私信が送られてきた。この中に、カラスと火との関係について大変興味ある観察があるので紹介したい。

「……ある日、カラスの囲いの中に、脱脂綿にアルコールをしみこませ、火をつけたのを放りこんで様子を見た事があります。カラスは、止まり木の上から、最初怪訝そうにこの青い怪火を眺めていましたが、やがて、好奇心からか、外敵排除の本能からか、木から降りて、恐る恐る火に近づき始めました。

おっかなびっくり腰で、燃える綿をつっ突きますと、青い火がフワッと燃え上がります。驚いて飛び退きますが、又寄ってくわえて振ります。火は盛っても消えません。何回かやっているうちに、カラスはすっかり興奮して、意地になり、無茶苦茶に火に向かっていきます。だが、恐怖のためか、肢が萎えて利かなくなり、歩行も出来ず、戻ろうとした枝にも止まれずに下に落ちます。完全な腰抜け状態です。歩けないカラスは、両翼と尾を広げて体を支え、胴体をずらして火に向かいます。肢が利かないので自由に動けず、火の上にのしかかった格好になります。見ていてハラハラします。だが、あの油光りするカラスの体は燃えませんでした。怖ければ止めればいいのに、何で火と闘うのでしょう。腰抜け状態で闘うのだから判りません。肢が立たなくなるのはアルコールを吸ったためだという人がありますが、カラスの肢は、怪火が消えると同時に、しゃんと元通りになって歩行が出来、止まり木にも止まれます。中毒が数秒間で消えたとは思えません。このカラスにたいする行動は、その後の実験でも同じでした」』

つまり彼らは火と対面するし、時には闘うか遊ぶかするということが判る。さらに又つづいてこう書いてある。

『「……カラスは、好奇心からか、火のついたタバコの吸殻をくわえるかも知れませんが、巣造りのために焚火の燃えさしをくわえ去ることはよくあるようです。北九州の門司市で、戦前にある青年から聞いた話しに、子供の時、焚火をすると、お婆さんが、〝カラスが持っていくよ〟といって戒めたそうです。山のカラスの巣の下には、落葉が積もったり草が枯れて乾いているので、巣造りをする春先、燃えさしを運んで発火し、山火事になることがあると思います。……これは実際にあった話しですが、人力車にのって外出先から帰った兄が帰宅するなり、車夫と〝今日は、カラスの巣が白煙をあげて燃えているのを見てきた〟と、村はずれの楠の独立樹にある巣の珍事を知らせてくれました……」というものであった。

カラスの好奇心の強さから察して、火のついた枝を巣に運ぶということはありえない話ではない。今日では、路上に捨てられた針金のハンガーを集めたり、動物園のウマやヤギの毛を抜いたりしているが、こうした巣材集め一つを取り上げても、カラスという鳥がいかに人々の生活と密着しているかがわかる。』

創造力と信仰

以上の様にカラスはとても利口な鳥で、好奇心に富み、子育ても上手だから、人間と似たところがあり、お互いに〝相似形〟の関係にあると言えるだろう。しかし根本的な違いは、積極的な「創造力」の有無である。例えば彼らは、火と戯れたり、火を利用したりすることは出来ても、〝火を作り出す〟ことは出来ない。森の大木を利用して、巣作りをすることは出来ても、種を蒔いたり植林をしたりして、森を作り出すまではできないのである。

ところが人間には、これらを作り出し、育成することが出来る。勿論そのもとになる命の種までは作れないが、その根本の創造主が「神である」ことを知るか、又は「信ずる力」を持っているのだ。つまり「信仰」する力は、カラスを含む他のすべての生物たちには欠如しているのである。

ところが人によると、こうした「信仰」とか「宗教」を否定して、単に人間の弱点のように錯覚し、誇らしげに「無宗教」を主張してはばからない。これは人間としての唯一の他の動物と異なる能力を否定し、カラスのように、人もまたただ今ある物質を利用するだけの存在だと主張する〝愚か人〟と言う他はないであろう。

そのうえ彼らは、「神」や「仏」以外の人間の作品に対しては「信仰心」を発揮して、「憲法」や「薬」や、時には誰かの「予言」や「告知」などを信ずるのだ。さらに時には携帯電話で囁《ささや》かれた「甘いことば」や「一緒に死のうじゃないか」と言う誘いの言葉を信じて、つまらぬ行動に走ったりする。

確かに神にも色々あって、一口に「宗教」と言っても、本物や偽物が混在しているのがこの世の現状である。

だが生長の家では、善悪を超えた、「絶対神」なる神のみが実在すると説くのだから、人為的に作られた言葉や条文のごとき不完全な物への信仰は持たないのだ。それは聖典の中に「書かれていない」と言うだけのことではない。聖典でも、書かれたごく一部分を取り出したり、聞きかじったり、他の人々の間違った言葉を混同して、不完全であると思う人もいるかもしれないのである。

或るガン患者の例

かつてある人が乳ガンを患い、医学的な治療が行き詰まった状態で、私に手紙を寄越されたことがあった。その手紙には心の悩みもあることが一言ふれてはあったが、主としてそれ以外の病状その他が述べられていたのである。

そこで彼女の手紙の一部を紹介するとしよう。

《(前略) 私は『甘露の法雨』『續々甘露の法雨』*等を読誦させていただいておりましたが、昨年八月、乳癌と診断され、電話にて飛田給*に神癒祈願を申し込み、手術の予定を告げましたところ、「飛田給で練成があるから参加されたらよいですよ」とのことで参加いたしました。

その際知り合った生長の家の支部長と思われる女性から「自然療法」という本をすすめられ、「すぐに帰って実行したらよい」と言われ、同室だったもう一方も「生長の家の人なら皆知ってると思いますよ」と言われ、練成から帰ってすぐ購入、実行しはじめました。練成に参加していた別の方々も口々に、「乳癌ぐらいだったら皆すぐ治る」「大丈夫」と励ましてくださり、たまたま民間薬もみつけ、二ヵ月くらい生長の家と薬と「自然療法」でがんばってみようと、九月一日予定の手術をキャンセルしてしまいました。

生長の家では肉食は余りすすめていないということは以前より知っておりましたが、それからは「自然療法」に従って、玄米食で菜食中心を行いました。

「芋パスタ」といって、芋としょうがと小麦粉を合わせたものをガーゼ等に包んで、それを貼れば癌が大きくならないという湿布も行いました。肉は勿論ダメ、赤身の魚はダメ、牛乳はダメ、卵はダメ、トマトはダメ、バターはダメ、白砂糖はダメ、コーヒーはダメ、アルコールはダメ……ということで（紹介してくださった方も徹底されているようで）バターの入った洋食等は食べず、パンもどうしてもというとき少量だけでその際、コーヒーも牛乳も飲めずお茶を飲んで我慢、家族の食事をつくる際に、自分だけ肉を使わず別鍋で調理したり、少量の卵をも恐れ、砂糖の入ったものも食べれず……ストレスが多く、みるみるやせていきました。

生長の家の行も、朝・晩テープに合わせて神想観、「時間に合わせて聖経をよんだらいいですよ」との飛田給の方のお言葉に従って、二時に『甘露の法雨』四時に『續々甘露の法雨』と、他に家事も忙しく、ろくに『生命の實相』*を読む間もなく、十分な睡眠もとれず、家族も「早く寝るように」といつも心配していました。左胸は父や夫だからと、和解にもつとめ、浄心行*にもつとめました。

十月には、宇治*にも短期練成に参加いたしました。この頃ちょうど、これまで一切口にしなかった赤身の魚であるマグロ十トウガラシに抗ガン作用がある、という研究結果がＮＨＫで報道され、マグロは食べはじめました。

宇治で知り合った方はとても親切な方で、牛乳に菌を入れてつくるヨーグルトがガンに良いと教えてくださいました。「ヨーグルトは内臓によいのはわかりますが、乳ガンに効くんですか？」と私が尋ねると、「信じてやってみる！」と言われました。その方の知り合いはそのヨーグルトを一日2リットル食べて末期ガンが治ったり、ネズミの動物実験で結果が出ていると言われるので、それまで少量の牛乳も口にしなかったのが一転、手術日まで一日二―三リットルヨーグルトを食べました。

それでも結局良くならず、十一月十八日手術を受けました。幸いにして乳房は残していただきましたが、しこりの範囲は増え、術後の切除部分の結果では、その右、下一面に目に見えないガン細胞が広がっており、ショックは大変なものでした。（リンパ十七本には転移していませんでした）「自然療法」による芋パスタの乳房の回りの黒ずんだ跡や、私の民間療法、ヨーグルト発言は、医師をあきれさせることになりました。その後、十二月四日より一月十四日まで（運悪く年末年始九日間の間をあけ）二十五回の放射線治療を受け、今後月一回ホルモン注射を受けていきます。二週間前、第一回目の注射をさっそく受けました。（中略）
もし、私が、九月一日予定の手術を受けていれば、切除部分も少なくてすみ、ガン細胞も散らずにすんでいただろうにと思うと（手術日までに何度か病気の恐怖で一杯になって散ったーと思う瞬間があったのです。）……ここまで再発を恐怖し今後の薬代や練成会費等にお金をかけずにすんだろうに――、またここまで食事療法で苦しむこともなかったろうに（大事な時期に）――と思うと、「本来の神の摂理《プログラム》に反したのだ」と、自分の運の悪さを嘆かずにはおれません。（後略）》
彼女は「自分の運の悪さ」をこうなげいておられるが、「運」は自分の心で作るものであって、他から突然ふりかかって来るものではない。しかも幸運でも不運でも、そこには重大な「教訓」が含まれているものだ。そこで私は彼女に次のような返事を出したのである。
《お手紙拝見しました。
「生長の家」の練成会にも行かれたそうですが、「神の子・人間」の不死不滅を信じておられることと思います。そしてさらに又、『無相円相一切相の神示*』の中にあるお言葉を正しく把握して生活されることを心掛けて下さい。即ち、

『吾が臨れるは物のためではない、生命のためである。肉のためではない、霊のためである。これを覚るものは少い。物の生滅に心を捉えられ、物が殖えたときに信仰を高め、物が減ったときに信仰を失い、身体が健康になったときに神を讃え、家族の誰かに病気が起ったと云っては信仰を失うが如きは、神を信じているのではなく物を信じているのである』

とあるように、病気を治すことを主眼にしないことが大切です。そして日々三正行（神想観・聖経読誦・愛行）を実行して、明るい日々をお送り下さい。もし病院で治療なさるのなら、どこかのホスピスにお入りになり、日々全托の生活をなさいませ。肉体的な苦痛は除いて下さるでしょう。

では何よりも、正しい信仰をお持ちになること、神への全托を実行して下さい。ごきげんよう、合掌》

＊『續々甘露の法雨』＝「人間神の子・病気本来なし」の真理が易しく説かれ、神癒、治病等に霊験ある生長の家のお経。「大聖師御講義『続々甘露の法雨』」（谷口清超編纂、日本教文社刊）参照。

＊飛田給＝東京都調布市飛田給二―三―一にある、生長の家本部練成道場。毎月各種の練成会が開かれている。

＊『生命の實相』＝谷口雅春著。頭注版・全四十巻、愛蔵版・全二十巻。昭和七年発刊以来、累計千九百万部を超え、無数の人々に生きる喜びと希望とを与え続けている。（日本教文社刊）

＊浄心行＝過去に抱いた悪想念、悪感情を紙に書き出し、生長の家のお経『甘露の法雨』の読誦の中でその紙を焼却し、心を浄める宗教行。

＊宇治＝京都府宇治市宇治塔の川三二にある、生長の家宇治別格本山。生長の家の各種宗教行事や練成会が開かれている。

＊『無相円相一切相の神示』＝谷口雅春先生が昭和七年に霊感を得て書かれた言葉で、この神示の全文は『新編 聖光録』『御守護 神示集』（いずれも日本教文社刊）等に収録されている。

3　自信と赦しのために

心で造る世界

日本は雨に恵まれている国だ。ことに七月の梅雨時になると、しとしと降る雨は森や田畑を潤して、美しい緑の国土と食料をうみだした。そこで平成十五年も七月十九、二十日と、総本山での団体参拝練成会に参加したが、十九日の夜から二十日にかけては、大雨と雷さんに見舞われた。その上落雷があり、会場が停電した。私の話などは、九時半から始まったので、自家発電の薄暗い所で間に合ったが、途中の崖や道路は滝のような水流だった。

しかしこんな豪雨も停電も、何時までも続くものではない。やがていつもの安らかな状態に戻るものである。世界の戦乱や経済不況も同じことで、全ての現象は〝変化無常〟だ。我々の体験する現象世界は、時間と空間との「四次元時空間」である。しかもそれらは「心」が関知している世界だから「心の認める世界」だとも言う。だから心が変わると、人も環境も変わってくるのである。

例えばある人が、陰気くさい心で、世の中の悪いことばかりを拾い出して嘆いていると、悪人や災害やインチキばかりが目についてきて、その結果自分の免疫反応が衰えて、病気になって苦しみ悩むのだ。これは「心の法則」と言われている。「親和の法則」とも言う。そこで明るい心で、世の中の良いことや、有り難いことをみて、感謝して暮らしていると、良いことや明るい出来事が次々に出てきて、免疫反応も活性化し、病気にもならず、幸運と自信に恵まれた一生を送るものである。

と言うのは、心という「コトバ」が人生をつくるからだ。法律でも憲法でも、条例でもコトバで出来ているが、それが国民のあり方を決めるようなものだ。結婚でもコトバで申し込むから決まるのであり、離婚でもおなじことだ。コトバも口で言う言葉ばかりではなく、心や行動もコトバの中に入る。だから前述の如く仏教では「身《しん》・口《く》・意《い》」の三つを「三業《ごう》」といい、この業によって人生が作られると教えたものである。

もっと自信を持て

個人でも国家でもおなじことが言える。だから七月二十一日の『産経新聞』には、アメリカのシンクタンク・ハドソン研究所の所長・ハーバート・ロンドン・ニューヨーク大学教授の、次のような記事が載っていた。

『景気回復のかぎは、日本人が自信を取り戻すことだ。初めて日本に行った一九六〇年代、日本人は将来を楽観しており、それが経済大国となる要因の一つにもなった。

一年前の訪日で感じたのは陰気で自虐的ムード。知識層に特にその傾向が強く、（財政的に破綻《はたん》した）アルゼンチンと比較する人もいた。日本には資産があり、優秀な人材に恵まれている。悲観的になること自体が誤り。消費も増えないだろう。

東証の日経平均株価が四月に底を打ち、上昇傾向にある。自動車、工作機械、製薬業などは業績がいい。ハイテク、ナノテクノロジー、ロボットと日本には技術がある。ユーロ高が日本企業の競争力を強めてもいる。

秋には総選挙があろう。小泉純一郎首相はこの総選挙に勝ち、改革に向け国民、与党の強い信任を得るとみる。サッチャー元英首相のような指導力を発揮できる可能性がある。二十年後に二〇〇三年が転機だったと振り返ることになろう。』

　今の日本はあまりにも〝自虐的〟だと言うのである。日本には技術があるし、才能ある人々がいると指摘している。続いてさらに又、こうも述べている。

『米国は冷戦のように、長期にテロやイスラム原理主義過激派と戦うことになる。イラク戦争も含め日本が同盟国として米国を支持するのは当然で国益にかなうと思う。

　北朝鮮の脅威を抑止できるのは米国の核の傘であり、地域における米軍の存在だ。対米追従という批判は誤っている。

　北東アジアは中東同様に不安定で、何が起きてもおかしくない。中国の台湾攻撃はなかろうが、共産党政権が内部崩壊するかもしれない。米国は日本に地域での一層の軍事的役割を求めよう。日本も北朝鮮のミサイル実験、核開発で、対米依存だけでは不十分と感じ始めており、数年で政治的にも力を増すだろう。』

　国全体がもっと明るく〝肯定的な心〟を持つためには、やはり一人一人の心が光明化してこないと駄目である。それには新聞ラジオ・テレビなどのメディアが明るいニュースを取り上げることが大切だが、個人でも人や社会や家族の美点を認める実行がとても役に立つのである。まだまだ人に深切をしてくれる人がいる世の中だから、七月二十一日の『毎日新聞』にはこんな投書が載っていた。

『　　　　　　　　　　　　無職　吉岡佐恵子　85（東京都小金井市）

満員電車にすべり込んだけれど、つり革も余ってない。ふらついたら、傍らのお嬢さんが手をとってくれた。どんな家庭で成長されたのだろうか。その手には優しさがにじんでいた。

「おばあちゃん、いらっしゃるの？」と聞いたら「います。70代です」。「おうちどこなの？」「国立市です」。断片的に、そんな会話を交わしているうちに私の街の駅に着いた。

下車する私の手をとったまま、そのお嬢さんも黙って下車した。「あなた国立でしょう？」「いいの。改札口まで……」

今どき、こんなお嬢さんに助けられようとは。「おばあちゃんによろしく」と別れて、かかりつけのクリニックに行った。

低血圧の症状が出ていて、見るからに危なっかしかったのであろう。

お名前も聞かないでごめんなさい。ここに厚く厚く、お礼を申し上げさせていただきます。ありがとうございました。』

深切な人たち

こんな深切な子供が育つのは、ご両親の明るい深切な行いがあったからに違いない。子供は先ず親の真似をする。「学ぶ」とは「まねる」から変化した言葉なのだ。さらに平成十五年七月二十日の『讀賣新聞』には、茨城県牛久市の落合美恵子さん（35）のこんな投書もあった。

『　　　　　　　　主婦　落合　美恵子　35（茨城県牛久市）

高校一年の期末テストの後、ある科目の先生がクラス全員の前で、私を含め３人の成績表に「1」がつくことを告げた。

終業式の日、成績表には「1」から「5」までの数字がすべて並んでいた。家に帰ると、母は「〝1〟は赤い字で書いてあるんだぁ。生まれて初めて見たわ」と興味津々の様子。父に向かって「子供がいると、自分たちの人生では見ることができなかったものが見られて楽しいわね」と言った。

父も「いやぁ、バラエティーに富んでいて楽しい」と喜び、その日の夕飯は大いに盛り上がった。私も得意になってはいたが、少々複雑だった。

今考えても、両親の作戦だったかどうかは、定かでない。その後無事に高校、大学を卒業したのは「1」の科目を責めないで、「5」の科目をほめられたことと、それよりも「勉強面では親に頼らず自分がしっかりしなくては……」と自覚させられたおかげかもしれない。』

こんな楽しくて愉快な父母は、必ず立派な「良い子」を作り出すものだ。何故なら、人はみな「神の子」であり、その「実相」を心で観て認めると、やがて現象界に現れてくるからである。騙されたときでも、こんな愉快な話もある。同日同紙の投書だが……

《　　　　自由業　日下　総光　73（千葉県四街道市）

高校三年生の父母を対象にした進路説明会のときのこと、担当教員が「大学の推薦入学には、五段階評価で各科目の平均点が4・0以上あることが条件だ」という話をした。説明が終わって、ある男性が手を挙げた。

「数字を挙げて説明してもらっても、こちらには何の資料もなく、息子の成績など分からない」

教員は「学期ごとに通信簿をお渡しししているはずです。それで大体見当がつくと思うのですが……」と言うと、その男性は、驚いた様子で「息子が一年のとき、『高校は、義務教育ではないから、通信簿などない』と言ったので、そんなものかと思っていた」と話した。

会場は爆笑の渦、教員は絶句。さらに男性が「あの野郎、三年もだましやがって」と言うと、収拾がつかない笑いの世界と化した。》

神棚で

これはユーモアがある話だから、周囲を愉快にする。人を愉快にすることは、おおむね善である。何時《いつ》かはその善行が自分にも返って来るから面白い。私はかつて「幸福の黄色いハンカチ」とかいう映画を見たことがあった。その中に出てきた俳優さんで、武田鉄矢という人がいた。なかなか面白い役者さんだと思っていたが、彼の書いた文庫本で、『母に捧げるバラード』(集英社)というのがあった。読んでみると、面白い。文才があるから、小説家になっても、きっと成功しただろうと思った。(バラードとは物語詩のこと)
その少年時代の話で、こんな体験が書いてあった。彼は運動がへたで、成績もあまりよくない。家も貧しくて、イクさんという母はミシンの内職をして、タバコや豆腐なども売っていた。昭和二十四年福岡県の生まれで、七人兄弟姉妹の末っ子だ。父の嘉元さんは鉄工所に勤めているが、もとは熊本県の生まれで、陸軍二等兵として参戦したこともある。

さて鉄矢君が小学二年生のとき、いつもは2や3が並んでいる通信簿に、めずらしく5が一つだけ立っていた。それは〝図工〟欄で、彼の絵に影が巧く着けてあると言うので誉められたからだ。その通信簿を持って喜んで家に帰り、母に見せた。その少し前に鉄矢君は母に、

「ねぇ、かぁちゃん……生活保護ってなん（何）？」

ときいたことがあった。するとイクさんは、

「あんまり貧乏やけん、国からホウビがでるったい」

「ホウビがもらえると良かねぇ……うちももらおう」

「うちはまあだもらえん。貧乏が足りんけん。……何事もそう。一つのことばやり通したらホウビがもらえると。貧乏もそうたい。よう覚えとけ」（二七頁）

とすてきな教えを与えたものだ。だから子供に決して甘くはない母だが、たった一つ5がついた通信簿を見せた時、どんな態度をとられたか……こう書いてある。

『私は通信簿を広げ、イクしゃんの前へ広げて突き出した。

「何か！　図工やないか。図工やったら馬鹿でも取る。算数か国語で5をとらにゃつまらん」

私はイクしゃんがそんな風に言うだろうと思っていた。子どもの私でも、図工という教科が頭の良し悪しに関係のないことはわかっていた。

「なんの間違いで、5ばもろうたとか」

イクしゃんはニタリと笑ってそう言うかもしれないとも予想していた。』（四三頁）

ところが、違っていた。イクしゃんは「5」を見つめていた。

『その後、イクしゃんは異常な行動に出た。無言のまま立ち上がり、その通信簿をおしいただくようにして、神棚の下へ行った。通信簿を神棚へ乗せて、イクしゃんはかしわ手をうった。両手を合わせたまま、イクしゃんは天のどこかにいるらしい神様に神妙に報告した。

「家庭教師もつけんとに、鉄矢が『5』ば取りました」

イクしゃんの声は少しうるんでいた。八歳の私はいいことをしたのか、悪いことをしたのかわからなくなり、ベソをかいているイクしゃんの後ろ姿をぼんやり眺めるしかな

かった』(四四頁)

九州の豪雨

このようにたった一つ、何処かに優れた点か美点を見つけたら、それを心から誉め、感謝すると、その美点は広がり、深まり、人のなかに隠れている「神性・仏性」が現成《げんじょう》してくるものである。何故なら、人は皆「神の子」であり、「無限力」を内包しているからだ。この「神の子・無限力」を自覚することぐらい、自信のつくことはない。けれどもこの「無限力」は「肉体」に着いた力ではなく、「霊」即ち「人間の本性」「実相人間」の力である。「不老不死」なる「神の子・人間」の力なのである。

前述の如く、平成十五年七月二十日に総本山での団体参拝練成会に行った時は、早朝から凄い豪雨と雷鳴であった。夜半には落雷もあって、総本山も停電となった。自家発電で少しは発電できたが、顕斎殿は演壇ぐらいしか明かりが点かないのだ。無限力ではない。それは現象界と言う「物質世界」だからである。「神の国はこの世のものに非ず」だ。しかし人間の努力によって、次第に進歩向上するのである。

そんなわけで、この時の停電の不自由も、体験談発表の時には正常にもどった。そこで体験を話された松尾麗子さん（昭和三十九年七月生まれ）は、岡山県津山市国分寺に住んでおられる方であった。平成九年に、当時まだ二歳だった幸音《こうね》さんという娘さんが高熱で倒れ、生死を彷徨《さまよ》う状態になった。病院では検査の結果、「膠原病《こうげんびょう》」と診断した。主治医からは、「膠原病は難病だけど、まぁ一生うまく付き合って行けば大丈夫だから……」とまるで他人事のように言われた。

しかしまだ二歳なのに、一生この難病と付き合って行くなんてトンでもない、何とかしてこの子を助けてやれないものか……と思った。まだ生長の家のことを知らなかった麗子さんは、泣きながら看病していた。ところがご主人の茂さん（会社役員）はすでに生長の家の「栄える会」*に入っておられたので、夫から『白鳩』誌をもらって読んでみた。すると中に「子どもの病が消えた」という体験談が載っていたので、生長の家をやってみようと思い、外泊許可が出たある夜、家にあった聖経『甘露の法雨』を出して読んでみたのである。

すると「汝ら天地一切のものと和解せよ」とある。特に「父母に感謝せよ」と言う言葉を読み、愕然とした。というのは、彼女の父はお酒を飲んでは暴力を振るい、母からは「お前なんかには身体障害者の弟がいる、その弟と一緒に死んでくれ」などと言って虐待された思い出があった。だからそんな父母なんか感謝できないと思いながら、それでも『聖経』を読んだ。

懺悔の涙

すると次第に心が変わって来て、「私が間違っていた。なんと自己中心的な人間だったのだろう」と気がついた。今までは両親をさばき夫を裁き、周りの人をさばいてきた。しかし自分の心のせいで、子どもがこんな病気になったのだ、と気が付いたのである。そして朝までかかって『聖経』を読んだ。懺悔の涙で『聖経』がびっしょり濡れていた。早速「聖使命会」に入り、母親教室に入り、「神の子・人間」の真理を学び始めたのであった。こうして遂に幸音さんの膠原病は消えていったのである。

するとた彼女も夫も嬉しくてたまらない。その安心感から「三正行」など生長の家の活動は休みがちになった。するとまたも新たな問題が起こってきた。ある日夫に好きな女性がいることに気が付いたのだ。他のだれからでもなく、自分は夫から生長の家を伝えられた。だから夫が私を裏切るようなことをするはずがない。そう思ってしばらく様子をみていたが、段々やばい状況になってきた。

そこである日夫を問いつめると、「いま愛している女性と別れるつもりはない」と言う。麗子さんはあまりのショックで呆然となり、二、三日たつと、嫉妬と怒りの心が、沸々とわきあがった。しかし生長の家の「神の子・人間」の教えを知っていたので、反省もしてみた。すると長い間子供の病気の看病々々で毎日を過ごし、ハイ・ニコ・ポンの明るい素直な妻の心を見失っていたことに気が付いた。何時しか〝子供中心〟の生活になっていたのである。

そこで麗子さんは、土下座して、「どうか私のところに帰って下さい」と頼んだが、夫はますます冷たくなるばかりだ。しばらくやめていた神想観や聖経読誦をしても、涙が出てきてどうにもならない。「そうだ。皆となら出来る」と思って、彼女は早朝神想観の会合に通い始めた。しかし心が不安定でどうしても落ち着かない。このままではノイローゼで倒れてしまうだろうと思い、「練成会しかない」と決めて、宇治別格本山の練成会に十日間参加した。

浄心行

すると何処の練成道場へ行っても、「浄心行」という行事があるが、そこでは今まで心に溜めていた色々の思いを、紙に書いてそれを燃やしながら『聖経』を読誦し、潜在意識を浄化する方法だ。その時間でやるように、麗子さんは、今まで心の中に隠れていた「あの女性」を、自分の間違っていた夫への態度を反省させてくれた人、つまり「観世音菩薩」であったと教えられたのだ。そこで帰宅してから「有り難うございます」と言いつつ、女性の名前を何回も書いて祈ったのである。

すると最初は「なんだ、あんな平気で不倫をするような女が……」と思ってたが、書いて祈っているうちに、涙が出てきて手が動かなくなった。でもやり通していると千回書くのに半年もかかった。そして岡山の小野教化部長さんの聖使命会員拡大の講話のなかで、「聖使命会員には愛する家族やお友達を入れてもいいけれども、〝苦手だなあ〟と思っている人を入れても、運命が好転するんです」と言う話があった。

麗子さんは「なぜ私が彼女に、毎月四百円も八百円も払わにゃならないんだろう」と思ったが、「彼女と彼女の職場を聖使命会員にして、神様とのパイプをつなぐ」ことも実行した。でも未だなかなか、夫との調和がとれないのである。そして平成十四年の八月頃、「もし夫と彼女が幸せになるのなら、二人が一緒になるのが良いのかしら」と思い始め、離婚を決意した。子供の養育費や慰謝料の話になっても、全てを神様に全托しようと思ったのである。八月には宇治で盂蘭盆の供養祭*がある。そこにも参加して流産児供養塔の前で『天使の言葉』*をあげていた。すると「あの女も、本当は素晴らしい神の子さんだ。ただ単に実相が現れていないだけなんだ」と気が付いた。そこで彼女の実相が現れるようにと思って「神癒祈願」を出した。そして神想観が始まる一時間前に道場に行き、彼女の実相の完全円満を祈ることにした。

　すると五日目になって、彼女から電話がかかってきた。しかも「ご主人のことはもう諦めます……」と、彼女の方から言うのであった。今まで麗子さんは二年間、彼女から言われた事やしたことが悔しくて、心でしっかり握りしめていたが、その心が感謝に変わった時、大きな変化がおこったのである。

　こうして今では夫が一変して、私ほど素晴らしい女性はいない、私と結婚して今が一番幸せだと言ってくれるようになったという体験の発表であった。そして麗子さんは最後にこう話されたのである。

『自分が変われば世界が変わるとは、ホントにこのことなんだなと実感いたしました。子供が六年前に膠原病になった時も、ここ龍宮住吉本宮*に神癒祈願を出しましたし、夫とこうして調和出来たのも、ホントに谷口雅春先生のお陰。お礼参りがしたくてこうして初参加でき、いま幸せな気持ちでいっぱいでございます。赤いあの大鳥居をくぐったとき、ここは命《いのち》浄化の古里なんだな。五体満足にこうやって命をもらったのも、お父さんお母さんのお陰。辛いこともあったけど、改めて父母に感謝することが出来ました。幸運にも今年講師の試験にも合格いたしましたので、これからも私の天分に叶う、出来るだけ多くの人々を幸せに出来るように、人類光明化運動に邁進し続けて行きたいと思います』（麗子さんは白鳩会支部長）

＊「栄える会」＝「生長の家栄える会」の略称。生長の家の経済人で組織するグループ。
＊盂蘭盆の供養祭＝生長の家信徒の先祖の冥福を祈る盂蘭盆供養大祭のこと。生長の家宇治別格本山で毎年八月十七日から十九日まで盛大に行われている。
＊『天使の言葉』＝生長の家のお経の一種で、葬祭行事及び祖先霊供養のために好適。
＊龍宮住吉本宮＝鎮護国家を目的とする社で、生長の家の総本山に建立されている。

4　ブッダの言葉

積極的なコトバ

コトバの力が絶大であること、それが人や国の運命を決定することは、繰り返し説かれている。だから「もう聞き飽きた」と言うかも知れないが、「コトバを繰り返す」ことも、又その力を増す秘訣である。ブッダ・ゴータマ即ちお釈迦様がラージャガハ（王舎城）を発《た》って、最後の旅路に行こうとされた時のことだ。マガダ国の王様（阿闍世《あじゃせ》王）が雨行という大臣を使者として、ブッダのところに遣わし、「ヴァッジー共和国を攻めることの可否」を問わさせたことがあった。するとブッダは、傍らにいたアーナンダ（阿難）にこう語りかけた、と「長阿含経」などに書いてある。（『仏教の思想Ｉ』角川書店刊）

『「アーナンダよ、なんじは、ヴァッジーの人々が、いまでもよく集会を開き、集会には多くのものが出席すると聞いているだろうか」

「世尊よ、わたしはそのように聞いております」

「アーナンダよ、それならヴァッジーはいぜん繁栄を続けるであろうことが期待される。彼らが滅びるようなことはよもあるまい」

そこでまた、ブッダ・ゴータマはアーナンダに問いかけて言った。

「アーナンダよ、なんじはまた、ヴァッジーの人々が、いまもなおともに集まり、ともに起ち、ともにヴァッジー人として為すべきことを為すと聞いているであろうか」

「世尊よ、わたしはそのように聞いております」

「アーナンダよ、それならヴァッジーはいぜん繁栄を続けるであろうことが期待される。彼らが滅びるようなことはよもあるまい」

ブッダ・ゴータマとアーナンダとは、そのような問答を七たびにわたってかわした。それをかたわらにあって聞いていたマガダの大臣は、結局、ヴァッジーを攻めることを思いとどまって帰ってゆくというのが、その経の序章の語るところである。』（四六―四七頁）

このブッダのコトバなどは、ヴァッジー国が「繁栄する」と言う積極的なコトバのみを、七回も繰り返されたという事実を伝えている所である。

捨て去ること

仏典には、サンスクリット語によるものと、パーリ語に依るものとがあるが、どちらかと言うと、パーリ語の方が通俗語で、サンスクリット語は文語みたいなものだ。漢語に翻訳された仏典は、主にサンスクリットの方で、初期のブッダのコトバや伝道生活ぶりは後になって入ってきた。これが『阿含経《あごんぎょう》』や『法句経《ほっくぎょう》』や『大般涅槃経《だいはつねはんぎょう》』等である。しかもここには老い果てた病むブッダの姿がありありと書かれていて、弟子達に感謝し、最後の教えを語られる言葉もしるされている。そこには最早大乗も小乗も本来何の区別もないのである。

そこでこの機会に少し『ブッダのことば』という中村元《はじめ》博士の著書（ワイド版岩波文庫）から引用して、パーリ語の伝えるブッダのお言葉を紹介しようと思う。と言うのは中村博士はパーリ語の大家であり、昭和二十九年以来東大教授として印度哲学の講義をされた。

さてこの『ブッダのことば』という本は、スッタニパータ（Sutta-nipāta）というパーリ語原典の翻訳だ。もともとは詩文であり、詠《うた》いつがれた美しい歌で、最も古い原始仏教の教えである。その第一章は「蛇の章」という。そのまた冒頭に「蛇」と題してこう書いてある。

『一　蛇の毒が（身体のすみずみに）ひろがるのを薬で制するように、怒りが起ったのを制する修行者（比丘《びく》）は、この世とかの世とをともに捨て去る。――蛇が脱皮して旧い皮を捨て去るようなものである。』

その後も一七頁まで〝蛇の皮〟のことばが続くのだ。当時はブッダの遊行《ゆぎょう》された印度の東北地方（ヒマラヤ山脈の南方300キロ位まで）には蛇がよく出たのだろう。その皮を脱ぐと、蛇は後を振り返ることもなく立ち去るように、「この世とかの世」つまり「全ての現象世界」に執着する心を捨て去れと教えられたのである。さらに又、

『六　内に怒ることなく、世の栄枯盛衰《えいこせいすい》を超越した修行者は、この世とかの世とをともに捨て去る。――蛇が脱皮して旧い皮を捨て去るようなものである。』

とも説いておられる。世間で出世したとか、お金が儲かったとか、地位や名誉を得たとか、失敗したとか、衰えた、馬鹿にされたというような現象界の浮き沈みに囚われることなく、蛇が皮を脱ぎ去るように、そんな思いを捨ててしまえ。すべての現象は無いのであ

るから、と教えられた。さらに又「中庸《ちゆうよう》」の大切さも、このように教えておられる。

『一三　走っても疾過《はやす》ぎることなく、また遅れることもなく、「一切のものは虚妄である」と知って迷妄《めいもう》を離れた修行者は、この世とかの世とをともに捨て去る。――蛇が脱皮して旧い皮を捨て去るようなものである。』

速すぎもせず遅すぎもせず、という「中庸」の教えは、孔子も「中庸は徳の至れるものなり」と説いておられるところだ。「捨て去る」と言うのも、「アルけれども、捨てて行こうか……」といった中途半端なものではなく、実は「絶対無」の教えなのである。

富や権力を去る

さらに又「第三　大いなる章」にはこのように書かれている。（同書八五頁以降）

『四〇八　目ざめた人（ブッダ）はマガダ国の（首都）・山に囲《かこ》まれた王舎城《おうしやじよう》に行った。すぐれた相好《そうごう》にみちた（目ざめた）人は托鉢《たくはつ》のためにそこへ赴《おもむ》いたのである。

四〇九（マガダ王）ビンビサーラは高殿《たかどの》の上に進み出て、かれを見た。すぐれた相好にみちた（目ざめた）人を見て、（侍臣《じしん》に）このことを語った。

四一〇「汝《なんじ》ら、この人をみよ。美しく、大きく、清らかで、行いも具《そな》わり、眼の前を見るだけである。

四一一　かれは眼を下に向けて気をつけている。この人は賤《いや》しい家の出身ではないようだ。王の使者どもよ、走り追え。この修行者はどこへ行くのだろう。」』

ブッダは美しく、背も高く、真っ直ぐに前を見て、しかも注意深く歩いておられたようだ。キョロキョロしていない。心がその人の行動に表れるからである。

ブッダは托鉢を終わるとパンダヴァ山（王舎城の近くの五山の一つ）に帰っておられた。それを見つけた王の使者は、帰ってこう報告した。

『四一六「大王さま。この修行者はパンダヴァ山の前方の山窟《さんくつ》の中に、虎か牡牛《おうし》のように、また獅子《しし》のように坐していますす」』と。

『四一七　使者のことばを聞き終るや、そのクシャトリヤ（ビンビサーラ王）は壮麗な車に乗って、急いでパンダヴァ山に赴いた。』

車で行ける所まで行って、車を降り、徒歩で彼に近づいて坐し、挨拶のことばを交わしてから、こう言った。

『四二〇「あなたは若くて青春に富み、人生の初めにある若者です。容姿も端麗で、生れ貴《とうと》いクシャトリヤ（王族）のようだ。』

『四二一　象の群を先頭とする精鋭な軍隊を整えて、わたしはあなたに財を与えよう。それを享受なさい。わたしはあなたの生れを問う。これを告げなさい。』』

釈尊は応えてこう言った。ヒマラヤの側に正直な民族がいて、富と勇気とを具えている、シャカ族といいます。わたしの姓はその〝太陽の末〟という王家であり、その家から出家したのです。欲望をかなえるためではありません、と。このようにしてゴータマ・ブッダは富と権力と武力との供与をキッパリと拒絶されたのであった。

魔の誘いを去る

さらに又、ネーランジャラー河の畔で瞑想しておられる時、ナムチ（魔）という悪魔が近づいて来て、「あなたは痩せていて、顔色も悪い。あなたの死が近づいた」と言う。

『四二七　あなたが死なないで生きられる見込みは、千に一つの割合だ。きみよ、生きよ。生きたほうがよい。命があってこそ諸々の善行をなすこともできるのだ。』

『四二八　あなたがヴェーダ学生としての清らかな行いをなし、聖火に供物《そなえもの》をささげてこそ、多くの功徳《くどく》を積むことができる。（苦行《くぎよう》に）つとめはげんだところで、何になろうか。』

さらにナムチは詩をとなえながら、ブッダの側に立っていた。これは一見悪魔とは見えない〝労《いたわ》りと予言と、癒しと他の信仰〟等への誘いである。これに対して、ブッダはこう応えられた。

『四三二　わたくしには信念があり、努力があり、また智慧がある。このように専心しているわたくしに、汝はどうして生命《いのち》をたもつことを尋《たず》ねるのか？』

わたしはいかなる誘いや攻撃や軽蔑にも、敗れない。敗れて生きながらえるよりは、戦って死ぬほうがましだ。わたしは智慧の力で汝の軍勢をうち破る……すると遂に悪魔は言った。

『四四六（……）われは七年間も尊師（ブッダ）に、一歩一歩ごとにつきまとうていた。しかもよく気をつけている正覚者《しょうかくしゃ》には、つけこむ隙《すき》をみつけることができなかった。』

こう言って夜叉は意気消沈して消え失せたというのである。本来悪魔もなく、夜叉も、脅しも、ウソ偽りの人も実在していないから、消え去るほかに何の術《すべ》もないということを、このブッダの言行録は示している。

世の中にはちょっと聞くとホントらしくきこえたり、優しいことばで誘う人々もたくさんいる。「オレ、オレ」と電話で叫んで、詐欺をする〝人でなし〟まで現れた。しかしこのような現象は本来無いのである。あるのは「神の国」という「実在」と「神の子」

のみ。詐欺や誤魔化しにひっかかるのは、こちらに欲望や見栄や体裁の心がある、その心のためであることを自覚することがとても大切なのである。

法句経

それは「心の法則」という「原因結果の法則」すなわち「因果律」に依るのだが、ブッダの説かれた初期の仏典にはさらに『法句経』という経典もある。パーリ語で書かれたものはダンマパダというが、これも詩文であり、多くの「ブッダのことば」が述べられている。その中で、私が以前時々引用した「バッシカ草」の話は、第三七七番にこう書かれている。（友松圓諦師訳）

『萎れたる花びらを
すておとす
バッシカの草のごとく
乞食するものらよ
かくのごとく
むさぼりと

怒りとをふりすてよ』

即ち「執着を去れ」という根本的な教えであり、漢訳の『法句経』では次の如くである。

『如衛師華　熟知自堕

釈婬怒痴　生死自解』

さらに第一八二番には、

『ひとの生《しょう》をうくるはかたく

死すべきものの

生命《いのち》あるもありがたし

正法《みのり》を耳にするはかたく

諸仏《みほとけ》の出現《あらわれ》もありがたし』

『得生人道難　生寿亦難得

世間有仏難　仏教難得聞』

このようにブッダはハッキリと人生に生きることと、死すべき人間のイノチの尊さを説いておられる。諸仏もそれを説き、真理の説法に触れることの有り難さという、「当たり前」のすばらしさを称えておられるのだ。つまり「今を力一杯、感謝して生きる。それが永遠を生きることだ」という教えである。出家せよとか、悟れとか、頑張れ等という〝難しいこと〟の勧めでもなく、ただ「ありがたい」という当たり前のみ教えである。

さらに又、第四二〇番では、こう述べておられる。神とかバラモンとかについての当時の人々の解釈がよく分かるだろう。

『もろもろの神も
ガンダバも
ひとも
彼の足跡を知るに由なし
かかる漏《あく》のつきたる
聖者《ひじり》
われは彼を婆羅門《ばらもん》とよばん』

『已度五道　莫知所堕
習尽無余　是謂梵志』

ここに出てくるガンダバという言葉には色々の解釈があるが、天界の人（神）よりもやや低い霊界で、霊界でも天界に近い霊界人らしい。サンスクリットではガンダルバというと圓諦師は書いておられる。（『法句経講義』より）「五道」とは有名な「地獄・餓鬼・畜生・人間・天人」のことで、人間がその心境に応じて生まれる現象界である。これにもう一つ「阿修羅」を加えると六道《りくどう》となって、「人間は六道に輪廻する」ともいう。

絶対神について

しかし生長の家で説いている「神」はこのような現象世界の「神・仏」（天界の人）ではなく、「実在界」「実相世界」の「創造神」即ち「絶対神」である。『甘露の法雨』に、

『創造の神は
五感を超越している、
六感も超越している、
聖
至上
無限
宇宙を貫く心
宇宙を貫く生命

宇宙を貫く法則
真理
光明
知恵
絶対の愛。
これらは大生命――』

と書かれているところだ。そして又ブッダは人々が肉体の死後、どの世界に行ったかは知らない。そんなことが分かったように言う人もいるが、「彼の足跡を知るに由なし」と、霊界通信のようなものを否定しておられるのである。その上で漏即《ろう》ち煩悩の尽きた人を「バラモンだと私は呼びたい」「そう言う人であって貰いたい」と言って、バラモンを「聖者」と称えておられるのである。

当時婆羅門《ばらもん》は文教と宗教の仕事に携わった種族のことだから、聖人君子であって欲しい、というブッダの心情である。現代の日本でもそうあって欲しいし、政治家でもそうあるべきだが、時には「政治家は聖人君子でなくてもよい」とか、「教職員にそれは必要ない、凡人でもHでもYでもあたりまえだ」と考える人もいて、大変残念な現象が現れている。
ことに釈尊の世に出られた頃のバラモン僧は現世功徳を求める教えを説き、世襲制で呪術的な祭式を行った。土製の祭壇で火を焚き、供物を投じて煙を立て、神に祈った。すると神が様々なお陰を下さるという信仰なのである。動物を捧げることもあった。それを改革しようとする想いが釈尊にはあったのであろう。さらに又『法句経』の第六二番には、こう書いてある。

『「我に子等あり
我に財あり」と
おろかなる者は
こころなやむ
されど、我はすでに
我のものに非ず
何ぞ子等あらん
何ぞ財あらん』

『有子有財　愚唯汲々

我且非我　何有子財』

よく人は「子供がいて、財産がある」といってそれらに執着し、それらに「しがみつく」ものだ。すると心はいつも悩み苦しむことになる。それを「愛」だと思うかも知れない。「ご祖先から頂いた大切なお宝だ」とも言う。しかし自分の命《いのち》すら自分のものではなく、本当は天からの授かりものだ。だから子供でも財産でも、「自分のものだ」と思って汲々としていても無駄なのである。その「執着」を放ち去りなさい。そうすれば悩み苦しみのない世界へ出ることができる、という教えであり、徹底した「無我」が説かれている所である。

美しい国のために

現代日本においても、「無信仰」や「無教育」の弊害が現れている。例えば平成十五年九月二十四日の『毎日新聞』には、埼玉県久喜市の荒井弘子さん（41）の、つぎのような投書が載っていた。

『勤め先に向かうため自転車を走らせていました。すると、さほど広くない道路いっぱいに広がって自転車に乗る5、6人の子供たちに追い付きました。小学校高学年と思われるその子たちは、それぞれ手に釣りざおを持っていました。

急いでいた私はベルを鳴らしましたが、1人の子がこちらを振り返っただけ。仕方なく、「道を空けてくれる?」と言うと、「通れるだろう!」と一言。「通れないから言ってるの。道を空けて!」と言うと、やっと少し道を空けながら、「まったく!」「何なんだよっ」とば声を浴びせる始末。しかも「死んじまえ!」と叫ぶではありませんか。驚きました。

まだあどけない少年たちです。いつでもあんな調子なのでしょうか。それが許されているのでしょうか。これから、どのように成長していくのでしょうか。心配です。』

「無教育」とは学歴のことではなく、家庭や学校での〝教育内容〟についてのことだ。ことに道徳と信仰のあるなしが問題である。気に入らないとすぐ相手に「死んじまえ!」と叫ぶ小学生が出るとは、誠に情けない「堕落社会」だ。この様な子供を持った親がどうして「子宝を得た」と言えるであろうか。財産があり、高学歴があるのが「神の子」らしいのではない。思いやりの愛が溢れている社会や国が「神の国」に近いのである。平成十五年九月二十二日の『讀賣新聞』には又こんな投書が載っていた。

『台湾に住んで四年になる私は、翻訳の仕事をしています。日本から飛行機でわずか三時間という台湾は、故宮博物院、夜市、茶芸館などや、バイクが多いことでも知られていますが、もちろん、台湾の特徴はこれだけではありません。

私が一番驚いたのは、台湾の人たちの優しさ、思いやりです。バスや電車内でお年寄りや妊婦がいると、誰もがさっと立ち上がり、手をとって席を譲ります。譲られる方も、遠慮しつつ感謝の言葉を忘れません。

市場で、重たそうな買い物かごを持った人がいれば、誰かがさっと手を貸して助け合う光景を、毎日、あちらこちらで目にすることができます。私自身も、病院や銀行などでたびたび親切を受けています。

こうした小さなやり取りの中から、人と人とのコミュニケーションが生まれてきます。人間味あふれる社会で育つ子供たちの心は純粋で、瞳もキラキラ輝いているように感じます。

海外で暮らしてみて、日本という豊かで平和な国に生まれたことに改めて感謝しています。しかし、自分の中に、何か大切なものが欠けていたことにも気づかされました。優しさや思いやりです。今の日本人には、このような気持ちを持つ人が少なくなっているのではないでしょうか。

台湾に来て初めて、人の笑顔が何よりも美しいと感じることができ、人と触れ合うことのすばらしさを実感しました。自分も彼らのようでありたいと願いつつ、台湾の人々から学ぶ日々は続いています。(翻訳業　深野　雅美　台湾)』

自由自在を得るために〈完〉

自由自在《じゆうじざい》を得《う》るために

平成十六年十一月二十二日　初版発行

著　者　谷口清超（たにぐち　せいちょう）

発行者　岸　重人

発行所　株式会社　日本教文社
東京都港区赤坂九—六—四四　〒一〇七—八六七四
電話　〇三（三四〇一）九一一一（代表）
　　　〇三（三四〇一）九一一四（編集）
ＦＡＸ〇三（三四〇一）九一一八（編集）
　　　〇三（三四〇一）九一三九（営業）

頒布所　財団法人　世界聖典普及協会
東京都港区赤坂九—六—三三　〒一〇七—八六九一
電話　〇三（三四〇三）一五〇一（代表）
振替　〇〇一一〇—七—一二〇五四九

組版　レディバード
印刷・製本　光明社

ISBN4-531-05242-0